Mein erstes Vorlesebuch der Gutenacht-Geschichten

Herausgegeben
von Sabine Schuler
Mit Bildern
von Christine Georg

Otto Maier Ravensburg

Originalausgabe als Anthologie,
erschienen als Ravensburger Taschenbuch
Mein erstes Taschenbuch Band 6098
© dieser Ausgabe 1991 Ravensburger Buchverlag
Otto Maier GmbH

Quellennachweis: siehe Seite 126

Umschlag: Christine Georg

Alle Rechte dieser Ausgabe vorbehalten durch
Ravensburger Buchverlag Otto Maier GmbH
Gesamtherstellung: Appl, Wemding
Printed in Germany

5 4 3 2 1   95 94 93 92 91

ISBN 3-473-56098-7

Inhalt

Matthias Claudius: Der Mond ist
  aufgegangen – *Lied* 9
Donald Bisset: Der Mantel des Mondes 11
Hans Gottanka: Unter dem Sternenhimmel 14
Nortrud Boge-Erli: Trostlied von den Sternen 16
Pearl S. Buck: Wenn es dunkel wird 17
Rudolf Neumann: Nesthupferl für einen
  kleinen Uhu 20
Ute Andresen: Siebenschläfer 24
Gina Ruck-Pauquèt: Der kleine Nachtwächter
  und das Schlaflied 26
Schlaf, Kindlein, schlaf! – *Lied* 28
Ursula Wölfel: Die Geschichte vom Gähnen 30
Dorothée Kreusch-Jacob: Ich hab ein
  Schmusekissen – *Lied* 31
Else Holmelund Minarik: Was der kleine Bär
  sich wünscht 33
Sigrid Heuck: Die Teddybär-Geschichte 36
Max Bolliger: Wenn du schläfst 39
Isolde Heyne: Wenn ein Sandmann baden geht 40
Franz Sales Sklenitzka: Iglu-Geschichte 45
Hanna Hanisch: Tim wartet auf die Nacht 49

Guten Abend, gut' Nacht – *Lied*	51
Tilde Michels: Drei Wanderbären tauchen auf	52
Patricia Scarry: Schlaf gut, Jakob!	56
Paula Dehmel: Gutenachtliedchen	58
Tilde Michels: Das Märchen vom Großen Bären	59
Hanna Hanisch: Der Stern Astranova	65
Wilhelm Hey: Weißt du, wieviel Sternlein stehen – *Lied*	68
Brüder Grimm: Die Sterntaler	70
Eva Maria Kohl: Warum die Nacht schwarz ist	72
Margret und Rolf Rettich: Der Traum	75
Theodor Storm: Der kleine Häwelmann	77
Achim Bröger: Moritz und sein Vater können nicht einschlafen	84
Lutz Rathenow: Der Gast	91
Gina Ruck-Pauquèt: Der kleine Nachtwächter und die Schäfchen	94
Hoffmann von Fallersleben: Wer hat die schönsten Schäfchen? – *Lied*	96
Isolde Heyne: Der verschnupfte Anton	98
Gina Ruck-Pauquèt: Der kleine Zauberer und das Sternchen	103
A. W. F. Zuccalmaglio: Die Blümelein, sie schlafen – *Lied*	106
Leo Tolstoi: Der Große Bär	108
Ingrid Uebe: Der kleine Brüllbär und der Uhu	110
Franz Sales Sklenitzka: Räuberhöhlen-Geschichte	114

Ursula Fuchs: Nachtwächter 120
Paul Gerhardt: Nun ruhen alle Wälder – *Lied* 124

Quellenverzeichnis 126

Matthias Claudius
Der Mond ist aufgegangen

Der Mond ist auf-ge-gan-gen, die gold-nen Stern-lein pran-gen am Him-mel hell und klar, der Wald steht schwarz und schwei-get, und aus den Wie-sen stei-get der wei-ße Ne-bel wun-der-bar.

2. Wie ist die Welt so stille
und in der Dämmrung Hülle
so traulich und so hold,
als eine stille Kammer,
wo ihr des Tages Jammer
verschlafen und vergessen sollt!

3. So legt euch denn, ihr Brüder,
in Gottes Namen nieder;
kalt ist der Abendhauch.
Verschon uns, Gott, mit Strafen,
und laß uns ruhig schlafen,
und unsern kranken Nachbarn auch!

Melodie: Joh. A. P. Schulz

Donald Bisset

Der Mantel des Mondes

Es war einmal vor langer Zeit in einer kalten Winternacht, da blickte der Mond auf die Erde herunter. Und er sah, daß alle Leute einen warmen Mantel trugen.

Ich möchte auch einen Mantel haben, dachte der Mond. Und so sagte er zu dem Mann-im-Mond: „Könntest du mir bitte einen warmen Mantel nähen?"

„Kann ich", antwortete der Mann-im-Mond. Er holte seine Nähmaschine und Stoff, Faden und Knöpfe, Schere und Maßband.

Zuerst nahm er dem Mond Maß, dann schnitt er den Stoff zu und nähte. Endlich fehlten nur mehr die Knöpfe. Binnen vierzehn Tagen war der Mantel fertig, und der Mann-im-Mond sagte: „Komm, du mußt ihn anprobieren!"

Der Mond schlüpfte hinein, aber da zeigte es sich, daß der Mantel viel zu weit war.

„Merkwürdig", sagte der Mann-im-Mond und kratzte sich am Kopf. Er holte das Maßband und nahm dem Mond nochmals Maß. Diesmal war der Mond viel schlanker als vorher. So setzte sich der Mann-im-Mond an die Nähmaschine und machte den Mantel enger.

Zwei Wochen später war der Mantel geändert, und der Mond schlüpfte hinein. Jetzt war der Mantel aber viel zu eng, weil der Mond wieder viel dicker geworden war.

„Wie soll ich dir einen Mantel schneidern, wenn du andauernd dicker und dünner wirst?" sagte der Mann-im-Mond. Er war verärgert, aber weil er im Grunde genommen ein freundlicher Mann-im-Mond war, setzte er hinzu: „Ich werde dir zwei Mäntel machen. Einen kannst du dann anziehen, wenn du dick bist, und einen, wenn du dünn bist!"

„Das ist lieb von dir!" sagte der Mond.

Als die beiden Mäntel fertig waren, probierte der Mond sie an, und sie paßten wunderbar. Selbstverständlich konnte er, wenn er einen Mantel trug, nicht mehr ordentlich scheinen.

Als die Leute auf der Erde zum Himmel hinaufblickten, sahen sie die Sterne leuchten, aber den Mond sahen sie nicht. Und da wurden sie traurig.

„So geht das nicht", sagte der Mann-im-Mond. „Hie und da mußt du scheinen, damit die Kinder dich sehen können, wenn sie schlafen gehen!"

„Gut", antwortete der Mond, schlüpfte aus dem Mantel und schien. Die Leute auf der Erde unten blickten zum Himmel empor und sahen den Mond oben stehen und wurden wieder vergügt. Vor allem die Kinder freuten sich. Manchmal war der Mond rund, und manchmal war er nur eine Sichel. Manchmal war er überhaupt nicht zu sehen.

„Aha!" sagten die Leute. „Jetzt hat er seinen Mantel angezogen."

„Jawohl!" antwortete der Mond. „Und der Mantel ist schön und mollig warm."

Er trug aber seinen Mantel nie sehr lange, sondern schien immer bald wieder.

Als die Sterne vom Mantel des Mondes hörten, wollten sie auch Mäntel haben.

„Gehen wir zum Mann-im-Mond und bitten wir ihn, daß er uns auch Mäntel näht!" sagten sie.

„Was fällt euch denn ein!" sagte der Mann-im-Mond. „Ich kann unmöglich jedem einzelnen Stern am Himmel einen Mantel nähen. Dazu würde ich Jahre und Jahre brauchen. Und soviel Stoff und Nähgarn gibt es gar nicht."

Dann fiel ihm aber doch etwas ein. Er rief alle kleinen Wolken herbei und bat sie, nachts die Sterne einzuhüllen, wenn ihnen kalt war.

Die Sterne waren begeistert. Wenn aber der Mond jetzt seinen Mantel ablegte, mußte er ganz allein scheinen und kam sich sehr einsam vor. Da beschlossen die Sterne, wenn der Mond seinen Mantel auszog, auch ihre Wolkenmäntel abzulegen. Und dann winkten und blinkten sie dem Mond zu. Der Mond freute sich, und auch die Menschen auf der Erde unten freuten sich, vor allem die Kinder.

Hans Gottanka

Unter dem Sternenhimmel

Es ist schon dunkle Nacht. Wir gehen zusammen noch in den Garten.

„Heute ist ein wunderschöner Sternenhimmel", sagt Onkel Nepomuk.

Wir stehen und schauen in den Himmel. Da sehe ich einen Stern quer über den halben Himmel sausen. Er verschwindet im Dunkel.

„Was ist denn das?" frage ich.

„Das war eine Sternschnuppe. So nennt man ein Sternteilchen, das durch den Nachthimmel saust."

„Und wo kommt es her?"

„Das weiß ich nicht, Dani."

„Und wo fliegt es hin?"

„Das weiß ich nicht, lieber Dani."

„Aber irgendwoher muß es doch kommen. Irgendwohin muß es doch fliegen."

„Natürlich! Aber ich weiß es nicht. Wir wollen einmal in einem Sternenbuch nachschauen. Aber alles steht nicht drin. Weißt du, Dani, alles kann man nicht wissen."

Gerade bevor wir ins Haus zurückgehen, sehe ich etwas Leuchtendes im Gras.

„Schau", sage ich, „da liegt ein kleines Stücklein Stern im Gras!"

Der Onkel lacht. „Das ist ein Glühwürmchen. Und dort und da drüben leuchtet auch eines."

Ich nehme das Glühwürmchen in meine Hand. Wirklich leuchtet es wie ein winziges Laternchen.

„Das habe ich nicht gewußt, daß es so etwas gibt", sage ich.

„Ja, denk dir, auch Leuchtkäfer gibt es. Sie können fliegen. Und Pilze wachsen, die können leuchten. Auch Leuchtfische soll es geben. Vor vielen Jahren machte ich eine Reise. Das Schiff fuhr durch ein fernes Meer in der Nacht. Das Wasser leuchtete. Das Meer war nämlich voller winziger Leuchttierchen. Es war herrlich!"

In der Nacht stehe ich dann auf. Ich gehe an mein Fenster. Da sehe ich die kleinen Glühwürmchen immer noch im Gras leuchten. Es gibt so viele wunderbare Dinge bei meinem Onkel Nepomuk.

Nortrud Boge-Erli

Trostlied von den Sternen

Bist hingefalln? Hat's weh getan?
Und mußt du jetzt gleich weinen?
Komm her zu mir, denk nicht mehr dran
erzähl dir was vom kleinen
vom kleinen Bär
vom großen Bär
von mitten in der Nacht:
im Sternkleid tanzt der große Bär
im Sternkleid tanzt der kleine Bär
den Himmel lang
und lacht.

Pearl S. Buck

Wenn es dunkel wird

Als es dunkel wurde, kam die Mutter aus dem Haus und rief: „Es wird Abend, Kinder. Räumt eure Wagen und Dreiräder auf und kommt ins Haus!"

Michael, der das nicht gern hörte, erwiderte: „Ich will nicht, daß die Nacht kommt, ich möchte weiterspielen!"

„Ich mag noch nicht ins Bett gehen", schrie David.

Peter aber sagte gar nichts. Er sah, daß die Sonne vom Himmel verschwunden war und wie es unter den Bäumen finster wurde. Da beeilte er sich, stellte sein Dreirad in den Schuppen und lief zur Mutter, die vor der Haustür wartete.

„Gehen wir ins Haus", sagte er.

„Gleich, gleich", antwortete die Mutter, „wir wollen noch auf die anderen warten."

Nach kurzer Zeit kamen sie, und alle gingen nun ins Haus. Peter drehte das Licht an. Zuerst im Hausflur, dann im Treppenhaus, dann im Kinderzimmer. Überall, wo er hinging, drehte er das Licht an. Dann wurde gebadet und gegessen, Vater und Mutter mußten noch Geschichten erzählen, und nach dem Gutenachtkuß krochen sie in die Betten. Zuerst drehte Vater im

Zimmer der Mädchen das Licht aus und sagte: „Gute Nacht, ihr beiden!"

„Gute Nacht", antworteten Judith und Barbara.

Dann drehte Vater das Licht im Bubenzimmer aus. „Gute Nacht, ihr Lauser!"

„Gute Nacht", erwiderten David und Michael.

Dann kam Vater in Peters Zimmer; Peter hatte ein kleines Zimmer für sich allein. Er lag im Bett, zugedeckt bis ans Kinn. „Vati, bitte mach das Licht nicht aus!" bat er verzagt.

Der Vater war erstaunt. „Warum, Peter", fragte er, „warum soll ich das Licht nicht ausdrehen?"

„Weil ich nicht will, daß das Dunkel in mein Zimmer kommt", antwortete Peter. Er sprach so leise, daß der Vater ihn kaum verstehen konnte.

„Aber Peter, hast du denn Angst vor der Dunkelheit?" fragte er.

„Ja!" flüsterte Peter ganz, ganz leise.

Vater setzte sich auf einen Stuhl neben dem Bett, dachte einen Augenblick nach und sagte: „Paß auf, Peter! Als ich noch ein kleiner Junge war wie du, hatte ich auch Angst vor der Dunkelheit."

„Und jetzt, jetzt hast du keine Angst mehr?" fragte Peter.

„Nein", antwortete der Vater, „jetzt brauche ich keine Angst mehr zu haben. Ich weiß, was das Dunkel ist."

„Was ist es denn?" fragte Peter.

„Die Sonne geht weg, damit wir ruhig schlafen

können", sagte der Vater. "Wenn die Sonne nicht wegginge, dann könnten wir nicht schlafen, weil es zu hell wäre. Wenn wir nicht schlafen könnten, dann könnten wir auch nicht spielen und arbeiten, weil wir zu müde wären. Auch die Tiere und Pflanzen wären zu müde und könnten nicht wachsen. Deshalb geht die Sonne jeden Tag fort und läßt uns im Dunkel schlafen."

"Und das ist alles?" fragte Peter.

"Das ist alles", erwiderte der Vater. "Soll ich jetzt das Licht ausdrehen?"

"Ja", sagte Peter, und gleich darauf schlief er schon, und die gute, stille Dunkelheit hüllte ihn ein.

Rudolf Neumann

Nesthupferl für einen kleinen Uhu

„Heute darfst du fliegen lernen!" sagte die Uhumutter eines Nachts zu ihrem Uhujungen. Fliegen lernen – das wünschte sich der kleine Uhu schon seit langem. Und als der Morgen graute, da hatte der kleine Uhu das Fliegen tatsächlich recht gut gelernt.

„Puh, war das eine anstrengende Nacht!" gähnte die Uhumutter. „Jetzt aber nichts wie ins Nest!"

„Ich bin aber noch gar nicht müde!" behauptete der kleine Uhu.

„Ich weiß, ich weiß!" erwiderte die Uhumutter. „Aber es ist schon sehr früh, gleich wird die Sonne aufgehn. Doch weil du so tüchtig warst, erzähle ich dir rasch noch ein Nesthupferl!"

„Was ist ein Nesthupferl?" fragte der kleine Uhu gespannt.

„Ein Nesthupferl ist eine Guten-Tag-Geschichte, nach der mein kleiner Spatz besser einschlafen wird."

„Ich bin kein kleiner Spatz!" erklärte der kleine Uhu. „Ich bin ein großer Uhu!"

„Ich weiß, ich weiß!" sagte die Uhumutter. „Paß einmal auf! Es war einmal ein kleines Mädchen..."

„Was ist das, ein Mädchen?" unterbrach der kleine Uhu.

„Ein Mädchen ist ein kleiner Mensch."

„Was ist ein Mensch?"

„Ein Mensch ist jemand, der immer auf zwei Beinen geht und dafür keine Flügel hat."

„Wie kann er denn dann fliegen?" wunderte sich der kleine Uhu.

„Er kann ja eben gar nicht fliegen", belehrte ihn die Uhumutter.

„Aber die Menschen sind geschickt. Sie haben sich künstliche Vögel gebaut. Die haben einen hohlen Bauch. Und da hinein schlüpfen die Menschen. Sie fliegen in den hohlen Vögeln geradeso, als ob sie selber Flügel hätten. Verstehst du das?"

Der kleine Uhu rührte sich nicht.

„Schläfst du schon?" flüsterte die Uhumutter.

„Nein", sagte nachdenklich der kleine Uhu. „Ich überlege mir gerade, ob Mäuse fliegen können."

„Mäuse?" fragte die Uhumutter verwirrt. „Wie kommst du denn mit einem Mal auf Mäuse? Natürlich nicht."

„Mein Bauch ist auch ganz hohl", behauptete der kleine Uhu. „Wenn du mir jetzt eine kleine Maus bringst, dann könnte sie da hineinschlüpfen und mit mir fliegen, wenn sie will."

„Ja, morgen!" lächelte die Uhumutter. „Morgen ist auch noch eine Nacht. Wenn du mich noch mal unterbrichst, erzähl ich die Geschichte nicht zu Ende.

Also: Es war einmal ein kleines, kleines Mädchen, das wohnte mit seinen Eltern an einem Seeufer. Am Ufer lag ein Segelboot. Eines Tages stieg das Mädchen in das Boot, und der Wind trieb es aufs Wasser hinaus. Sie kamen bis zu einer Insel, und auf der Insel stand ein Schloß, und an dem Schloß war ein Turm, und in dem Turm war ein Loch, und in dem Loch, da saß ein großer, großer Uhu..."

„...und das war ich!" behauptete der kleine Uhu zufrieden. Aber dann wollte er noch etwas wissen: „Was ist ein Turm? Was ist ein Schloß? Und was ist eine Insel? Und was ist ein Segelboot?"

Das waren viele Fragen auf einmal, aber eine Antwort bekam er nicht mehr. Seine Mutter war nämlich eingeschlafen. Da kuschelte er sich eng an sie und machte auch die Augen zu.

Ute Andresen

Siebenschläfer

Der Siebenschläfer träumt so gerne.
Als seine Mutter ihn wecken wollte,
brummte er nur: „Laß mich noch!"

Als sie zum zweitenmal zum Wecken kam,
sang schon die Morgenamsel im Hof,
aber er wollte weiterträumen.

Beim dritten Wecken war's heller Tag,
aber er wurde und wurde nicht wach.

Als sie ihn zum viertenmal rüttelte,
stand die Sonne hoch am Himmel.
Der Siebenschläfer schnarchte laut.

Um fünf Uhr weckte sie ihn noch einmal.
Er lag da und rührte sich nicht.

Die Sonne ging unter, und die Mutter
kam zum sechstenmal, um ihn zu wecken.
Er hob den Kopf und sank zurück ins Nest.

Als alle andern müde waren vom Tag,
stand der Siebenschläfer endlich auf.
„Jetzt will ich aber was erleben!"
sagte er und tobte herum
wie ein wildes Gespenst.

Gina Ruck-Pauquèt

Der kleine Nachtwächter und das Schlaflied

Eines Abends – der Himmel hatte schon sein schwarzes Nachthemd übergezogen – ging der kleine Nachtwächter mit seiner Laterne durch die stillen Gassen.

Alles schien in Ordnung zu sein. Die Blumen hatten die Blütenblätter gefaltet, die Bäume standen an ihren Plätzen, und die Fledermäuse schlugen eben die Augen auf.

Doch der kleine Nachtwächter mußte schließlich auch wissen, ob mit den Leuten alles in Ordnung war, und so schaute er in die Fenster der Häuser.

Die Leute lagen in ihren Betten und schliefen. Die Blumenfrau hatte die Decke so hochgezogen, daß man gerade noch die Spitze ihrer Nase sah.

Der Drehorgelmann lächelte vor sich hin. Vielleicht träumte er eine besonders hübsche Melodie, wer weiß?

Der Bauer schnarchte. So sehr schnarchte er, daß die Äpfel auf dem Kleiderschrank zitterten.

Das Mädchen mit den Luftballons aber sah im Schlaf rosig aus wie pures Marzipan.

Doch als der kleine Nachtwächter an das Haus des Dichters kam, sah er den Dichter am Fenster sitzen.

„Warum schläfst du nicht?" fragte der kleine Nachtwächter.

„Ich kann nicht", antwortete der Dichter.

Da schloß der kleine Nachtwächter seine Augen, damit er besser nach innen sehen konnte, und dachte nach.

Der Dichter ist traurig, weil er nicht schlafen kann, so dachte er. „Laß mich herein", sagte der kleine Nachtwächter entschlossen. „Ich will dir ein Schlaflied singen."

Und er ging hinein, setzte sich zu dem Dichter ans Bett und sang ihm etwas vor.

Der kleine Nachtwächter sang und sang, und dann sang er immer ein bißchen leiser – bis er plötzlich eingeschlafen war.

Der Dichter aber lächelte, und er ließ den kleinen Nachtwächter schlafen. Er nahm die Laterne, setzte sich die Nachtwächtermütze auf und ging hinaus.

Langsam durchwanderte er die Gassen.

Wie ist es doch schön, ein Nachtwächter zu sein, dachte der Dichter.

Und er war
die ganze Nacht lang
glücklich.

Schlaf, Kindlein, schlaf!

2. Schlaf, Kindlein, schlaf!
Am Himmel ziehn die Schaf':
Die Sterne sind die Lämmerlein,
der Mond, der ist das Schäferlein.
Schlaf, Kindlein, schlaf!

3. Schlaf, Kindlein, schlaf!
So schenk ich dir ein Schaf
mit einer goldnen Schelle fein,
das soll dein Spielgeselle sein.
Schlaf, Kindlein, schlaf!

Text: aus „Des Knaben Wunderhorn"
Melodie: volkstümlich

Ursula Wölfel

Die Geschichte vom Gähnen

Einmal hat ein Mädchen das Schwesterchen im Kinderwagen spazierengefahren. Das Schwesterchen war müde, es hat gegähnt. Da mußte das Mädchen auch gähnen. Die Frau vom Hutladen hat das gesehen, und gleich hat sie mitgegähnt, und die Leute an der Haltestelle und der Zeitungsmann und der Radfahrer, alle mußten auch gähnen. Gerade ist die Straßenbahn gekommen, und der Schaffner hat die vielen offenen Münder gesehen. Da mußte er gähnen und gähnen und konnte nicht weiterfahren. Der Mann im Lastwagen wollte wissen, warum die Straßenbahn so lange stehengeblieben ist. Er hat sich aus dem Fenster gebeugt, und sofort mußte er gähnen. Das haben die anderen Autofahrer gesehen. Sie haben gleich die Autos angehalten und gegähnt. Der Polizist wollte auf seiner Pfeife trillern. Alle sollten endlich weiterfahren. Aber er konnte nicht in die Pfeife blasen, er mußte auch gähnen. Bald haben alle Leute und alle Hunde und Katzen in der Stadt gegähnt, auch der Schornsteinfeger auf dem Dach und sogar die Regenwürmer in der Erde. Da war es aber schon Abend, und alle sind früh schlafen gegangen.

Dorothée Kreusch-Jacob
Ich habe ein Schmusekissen

2. Mein Schmusekissen duftet
nach vielem und – nach mir,
nach Blumen auf der Wiese,
im Ernst, das schwör ich dir.

3. Auf meinem bunten Kissen
da gibt es viel zu sehn,
ich kann mit meinen Augen
darauf spazierengehn.

4. Auf meinem Kissen flieg ich
bis übers weite Meer,
da, wo die Träume schlafen.
Mein Kissen mag ich sehr.

5. Mein weiches Schmusekissen,
das halt ich fest im Arm,
so bin ich nicht alleine
und fühl mich müd und warm.

Melodie: Dorothée Kreusch-Jacob

Else Holmelund Minarik

Was der kleine Bär sich wünscht

„Kleiner Bär!" sagte Mutter Bär.

„Ja, Mutter?" fragte der kleine Bär.

„Schläfst du noch nicht?" fragte Mutter Bär.

„Nein, Mutter", sagte der kleine Bär, „ich kann nicht schlafen."

„Warum nicht?" fragte Mutter Bär.

„Ich bin am Wünschen", antwortete der kleine Bär.

„Was willst du dir denn wünschen?" fragte Mutter Bär.

„Ich möchte auf einer Wolke sitzen und überall herumfliegen", sagte der kleine Bär.

„Das kannst du dir nicht wünschen, mein kleiner Bär", antwortete Mutter Bär.

„Dann wünsche ich mir, daß ein Meerschiff kommt", sagte der kleine Bär, „und die Leute auf dem Schiff sagen: ‚Komm herauf, komm herauf! Wir fahren los! Komm mit! Komm mit!'"

„Das kannst du dir nicht wünschen, mein kleiner Bär", sagte die Mutter Bär.

„Dann möchte ich einen Tunnel finden, der bis nach China geht", sagte der kleine Bär, „dann würde ich für dich nach China laufen und Eßstäbchen nach Hause bringen."

„Das kannst du dir nicht wünschen, mein kleiner Bär", sagte Mutter Bär.

„Dann wünsch ich mir ein großes rotes Auto", sagte der kleine Bär, „ich würde schnell, schnell davonfahren, und ich käme zu einem großen Schloß. Und eine Königstochter käme heraus und sagte zu mir: ‚Willst du ein Stück Kuchen haben, kleiner Bär?' Und ich würde ein Stück Kuchen essen."

„Das kannst du dir nicht wünschen, mein kleiner Bär", sagte Mutter Bär.

Da sagte der kleine Bär: „Dann wünsch ich, daß eine Mutter Bär zu mir kommt und sagt: Soll ich dir eine Geschichte erzählen?"

„Gut", sagte Mutter Bär, „das kannst du dir wünschen. Das ist ein kleiner Wunsch."

„Danke, Mutter", sagte der kleine Bär, „das wünsch ich mir schon so lange."

„Und was für eine Geschichte möchtest du hören?" fragte Mutter Bär.

„Erzähl mir etwas von mir", sagte der kleine Bär. „Erzähl mir, was ich früher alles gemacht habe."

„Gut", sagte Mutter Bär, „einmal hast du im Schnee gespielt, und du wolltest etwas haben zum Anziehen."

„O ja, das war lustig", sagte der kleine Bär. „Erzähl mir noch etwas von mir."

„Gut", sagte Mutter Bär, „einmal hast du einen Fliegerhelm aufgesetzt und hast Mondfahrer gespielt."

„Das war auch lustig", sagte der kleine Bär. „Erzähl mir noch mehr von mir."

„Gut", sagte Mutter Bär, „einmal hast du gemeint, du bekämst keinen Geburtstagskuchen, da hast du eine Geburtstagssuppe gemacht."

„Oh, das war lustig", rief der kleine Bär, „und dann bist du mit dem Kuchen gekommen. Du tust immer etwas Liebes für mich."

„Und jetzt", sagte Mutter Bär, „kannst du auch etwas Liebes für mich tun."

„Was denn?" fragte der kleine Bär.

„Du kannst jetzt schön schlafen", sagte Mutter Bär.

„Also gut, dann schlafe ich", sagte der kleine Bär, „gute Nacht, liebe Mutter."

„Gute Nacht, mein kleiner Bär. Schlaf gut."

Sigrid Heuck
Die Teddybär-Geschichte

In einem Wald, in dem die Bäume besonders dicht standen und es immer ein bißchen dämmrig war, wohnte einmal eine Bärenfamilie.

„Sei nicht so vorwitzig und bleib immer schön hinter mir!" sagte Mutter Bär zu ihrem Bärenkind, wenn sie zusammen durch den Wald streiften.

Zuerst war der kleine Bär auch ganz brav. Aber als er größer wurde, hörte er nur noch mit *einem* Ohr auf die Worte der Mutter, dann nur noch mit einem *halben* und schließlich mit *keinem* mehr. „Ich wüßte zu gern", brummte er zu sich selbst, „wie es hinter den Bäumen aussieht."

Und eines Tages, als Vater Bär und Mutter Bär nicht so gut aufpaßten, lief der kleine Bär davon. Er lief durch den Wald, über Wiesen und Felder. Weil er schon ein bißchen müde war, blieb er vor einem Haus stehen, das von einem kleinen Garten umgeben war. Auf einer Bank saß ein Mädchen und weinte. „Niemand spielt mit mir!" schluchzte es. Die Tränen liefen ihm dabei über die Wangen.

Das Bärenkind sah das kleine Mädchen an. ‚Wie gerne würde ich mit ihm spielen', dachte es. „Wenn du möchtest", brummte es, „dann können wir uns ein bißchen schubsen."

„Wie geht das?" fragte das Mädchen neugierig.

„Du schubst mich mit dem kleinen Finger und ich dich mit meiner Nase, und wer dabei grob wird, der hat verloren." Damit war das Mädchen einverstanden.

Das Bärenkind kletterte über den Zaun, und sie spielten Schubsen, bis ihnen die Lust dazu verging.

Später zeigte das Mädchen dem kleinen Bären seine Schaukel. Sie schaukelten, spielten Ball und lachten zusammen. Am Abend, als es an der Zeit war, ins Bett zu gehen, durfte der kleine Bär im Puppenwagen schlafen. Die Mutter des Mädchens deckte ihn wie ihr eigenes Kind zu.

In der Nacht träumte das Bärenkind vom Wald, von Vater Bär und Mutter Bär. Sie weinten, weil ihr Kind davongelaufen war.

Als der kleine Bär am nächsten Morgen aufwachte, war er krank. Er schlotterte an allen Tatzen. „Was fehlt dir?" fragte ihn das kleine Mädchen. „Mich friert's", brummte das Bärenkind unglücklich.

„Aber du hast doch einen dicken Pelz. Wie kannst du da frieren?"

„Mich friert's unter dem Pelz", jammerte der Bär. „Irgendwie inwendig."

Da rief das Mädchen seine Mutter, und die Mutter rief den Vater. Alle beratschlagten, was man für das Bärenkind tun könne. „Ich glaube, es ist Heimweh", sagte der Vater auf einmal.

Und weil er ein kluger Mann war und wußte, wo die Bären wohnen, nahm er das kleine Bärenkind huckepack und trug es zurück in den großen Wald. Er brachte es dorthin, wo die Bäume besonders dicht standen und wo es immer ein bißchen dämmrig war. Mutter Bär und Vater Bär freuten sich, als sie ihr Kind wiedersahen. Sie umarmten es, und der kleine Bär war gleich wieder gesund. Das Mädchen aber weinte, weil es das Bärenkind so gern behalten hätte.

Da setzte sich seine Mutter hin und nähte einen kleinen Stoffbären. Zuerst zerschnitt sie eine wuschelige Decke. Aus schwarzen Knöpfen machte sie Augen. Mund und Nase stickte sie mit braunem Garn.

„Er sieht genauso aus wie mein Bärenkind", sagte das kleine Mädchen und nahm den Teddy glücklich in die Arme. Am Abend legte es den Bären in den Puppenwagen und deckte ihn zu. Als die Nachbarskinder den Stoffbären sahen, wollten sie auch mit ihm spielen. Damit es keinen Streit gab, nähte die Mutter für jedes Kind einen eigenen Teddybär. Sie nähte und nähte. Vielleicht näht sie heute noch.

Max Bolliger

Wenn du schläfst

Wenn du schläfst,
zupft dich einer am Ohr
und brummt dir was vor,
er stupft dich am Bauch
und kitzelt dich auch.
Er lacht –
und wenn du erwachst,
schaut er dich an,
als ob gar nichts wär –
dein alter brauner Bär.

Isolde Heyne

Wenn ein Sandmann baden geht

Sandmann zu werden, ist ein echter Traumberuf. Das schafft nicht jeder Wichtelmann. Und wenn einer wie der Sandmann Ludwig mehr als sieben mal sieben Jahre ohne Fehler seinen Nachtdienst verrichtet hat, dann darf er mit Recht darauf stolz sein. Noch ein paar Monate, dann wird er sein fünfzigjähriges Sandmännchenjubiläum feiern und als Anerkennung sogar die goldene Sanduhr bekommen. Darauf freut sich Ludwig sehr.

Aber an diesem heißen Sommernachmittag denkt Sandmann Ludwig nicht daran. Er hat den Dienst mit seinem Kollegen Klaus getauscht, weil der unbedingt die Berge sehen wollte.

Eigentlich ist Ludwig nämlich für Bayern zuständig. Doch ein paar Wochen am Meer, das ist für ihn auch mal ganz schön. Nur mit den Schlafengehenszeiten kommt er hier nicht zurecht. Die Kinder sind einfach nicht vom Strand wegzukriegen. Immer haben sie neue Ausreden, um das Zubettgehen hinauszuschieben.

Vom langen Warten ist Sandmann Ludwig müde geworden. Ihm ist auch zu warm in seinem Kapuzen-

mantel. Deshalb beschließt er, sich im Meer abzukühlen. Er zieht seine Kleider aus, legt sie sorgsam zusammen und versteckt sie im Strandhafer. Damit der Wind sie nicht wegweht, legt er obenauf das Säckchen mit dem Traumsand. Wäre nicht sein langer grauer Bart gewesen, jeder am Strand hätte ihn für einen ganz normalen Jungen gehalten, denn Sandmännchen sind ja nicht groß.

Sandmann Ludwig macht es einen Riesenspaß, wenn das Wasser in Wellen ankommt und seine Füße kitzelt. Ist das ein tolles Gefühl! Nach und nach wagt er sich weiter hinein, so weit, bis sein langer Bart klitschnaß ist und er nicht mehr gehen kann. Als Bergsandmann hat er zwar klettern gelernt, aber nicht schwimmen. So läßt er sich einfach von den Wellen davontragen und achtet überhaupt nicht darauf, wie weit er sich vom Ufer entfernt. Erst als die Sonne untergeht, merkt er, wie spät es ist. Er versucht, schnell ans Ufer zu kommen, aber so einfach ist das nicht. Immer wieder werfen ihn die Wellen zurück ins Meer. Als er es endlich geschafft hat, ist er ganz erschöpft.

Inzwischen ist es dunkel geworden.

„Wo habe ich denn nur meine Sachen hingelegt?" denkt Sandmann Ludwig. „Der Strand sieht ja jetzt ganz anders aus!"

Nackt und frierend läuft er umher und sucht seine Kleider und das Säckchen mit dem Traumsand.

„Weißt du nicht, wo ich meine Sachen hingelegt habe?" fragt er die Möwe Klara. Sie weiß es nicht. Aber sie verspricht ihm, den Nachtvogel zu rufen. Der kann nachts so gut sehen wie sie am Tage.

Sandmann Ludwig bibbert inzwischen vor Kälte. „Die Kinder werden heute nicht einschlafen können", denkt er verzweifelt. „Ich habe zum erstenmal meinen Dienst versäumt. Wenn das rauskommt, kriege ich bestimmt keine goldene Sanduhr."

Er hat ein ganz schlechtes Gewissen.

Endlich kommt der Nachtvogel. Sandmann Ludwig nimmt seinen ganzen Mut zusammen und erzählt ihm, was passiert ist. „Hilf mir, damit die Kinder endlich zu ihrem Traumsand kommen und einschlafen können", bittet er.

Der Nachtvogel ist gerne dazu bereit. Nicht einmal eine Gegenleistung fordert er. Gemeinsam suchen sie mehr als eine Stunde lang. Dann endlich entdeckt der Nachtvogel das Kleiderbündel des Sandmanns. Aber welch ein Schreck! Das Säckchen mit dem Traumsand ist fast leer. Kinder hatten es entdeckt und damit Sandkuchen gebacken, weil es so schöner weißer Sand war.

„Auch das noch!" stöhnt Sandmann Ludwig. „Wäre ich doch nur in meinen Bergen geblieben."

Da hat der Nachtvogel eine Idee. Er hilft dem Sandmann mit seinem Schnabel, den Sand wieder in das Säckchen zu füllen. Das ist gar nicht so einfach. Denn er kann nicht richtig unterscheiden, welcher Sand nun der echte Traumsand ist.

Und so kommt es, daß in dieser Nacht viele Kinder

erst sehr spät einschlafen, obwohl der Nachtvogel dem Sandmann noch hilft, den Traumsand zu verteilen. Und viele Kinder schlafen in dieser Nacht ungewohnt unruhig und wälzen sich von einer Seite auf die andere.

Am anderen Morgen sehen die Muttis, daß in den Betten Sand ist. „Das kommt davon, daß ihr euch abends nicht richtig gewaschen habt", schimpfen sie.

„Wir haben uns gewaschen!" verteidigen sich die Kinder. „Ganz gründlich sogar."

Sandmann Ludwig hat ein ziemlich schlechtes Gewissen, als er das hört, denn nur er und der Nachtvogel wissen, weshalb das so ist.

„Ich muß neuen Traumsand holen", sagt der Sandmann zum Nachtvogel.

Deshalb bittet er die Möwe Klara, ihn zur Traumsandinsel zu fliegen. Sie schaffen die lange Strecke bis dorthin an einem halben Tag. Auf der Traumsandinsel nimmt Sandmann Ludwig den besten Sand, den er kriegen kann, den mit den allerschönsten Träumen. Dann fliegen sie wieder zurück.

Von da an klappt mit dem Schlafengehen alles.

Franz Sales Sklenitzka

Iglu-Geschichte

„Deck dich gut zu", sagt der Vater zu Paul. „Ich muß noch kurz lüften!"

Paul verkriecht sich unter der dicken, weichen Decke, bis nichts mehr von ihm zu sehen ist. Der Vater öffnet das Fenster. Draußen heult und pfeift der Wind. Er treibt ein paar Schneeflocken ins Zimmer.

„Du hast es gut!" sagt der Vater zu Paul. „Du in deinem Iglu. Dir kann der Wind nichts anhaben!"

Die Decke wird ein wenig angehoben. „Ein Iglu?" fragt Paul.

„Na klar", sagt Papa. „Ein Schneehaus. Hier, wo dein Kopf jetzt rausguckt, ist eine kleine Öffnung in der Schneemauer."

„Damit du die Kakaotasse reinschieben kannst."

„Kakao gibt es heute nicht. Du bekommst Lebertran."

„Lebertran? Wieso denn das?"

„Lebertran", erklärt Papa, „mußte ich immer schlucken, als ich noch ein junger Eskimo war."

„Und wie schmeckt er?"

„Scheußlich", sagte Papa. „So ähnlich wie Speiseöl. Aber angeblich ist Lebertran sehr gesund."

Dann kommt Papa doch mit einer Tasse Kakao und einem Trinkhalm. „In diesem kleinen Laden gibt es nicht einmal Lebertran", sagt er. „Darum bringe ich dir heute warmen Kakao. Ausnahmsweise."

„Macht nichts", antwortet Paul und steckt den Trinkhalm in den Mund.

„Gute Nacht, junger Eskimo!" sagt Papa, als Paul ausgetrunken hat. „Schlaf gut und träum was Schönes!"

„Was denn?"

„Vom Lachsfischen im Kajak. Von der Rentierjagd. Und vom Schlittenhunderennen."

„Wo sind denn meine Schlittenhunde?" fragt Paul.

Papa bückt sich und holt drei Stofftiere hervor. „Hier sind sie. Der eine sieht zwar ein bißchen wie ein Elch aus und der zweite wie ein Teddybär, aber dem dritten merkt man schon von weitem an, daß er ein echter Schlittenhund ist."

„Möchten die drei nicht in mein Iglu?"

„O doch", sagt Papa. „Und wenn du mich fragst: Ich würde sie auf jeden Fall reinlassen! Die Nacht kann sehr kalt werden. Dann wirst du froh sein, wenn sie bei dir sind und dich wärmen."

„Okay", sagt Paul. „Schick sie rein!"

Die Schlittenhunde drängen durch den kleinen Eingang. Sie springen an Paul hoch und begrüßen ihn stürmisch.

„Schon gut", wehrt Paul ab. „Platz! Legt euch schlafen!"

Der Vater geht zum Fenster, um es zu schließen.

„Und du?" fragt Paul. „Willst du nicht auch in mein Iglu?"

Papa möchte schon. Es ist lange her, daß er in einem Iglu war. Also macht er sich ganz klein und kriecht durch den Eingang in Pauls Schneehütte.

„Jetzt müssen wir uns nach Eskimoart begrüßen", sagt Papa.

„Wie geht das?"

„Wir müssen unsere Nasen aneinander reiben."

Das Nasenreiben macht Spaß. Paul reibt seine kleine warme Nase an Papas großer kalter Nase, bis Papas große kalte Nase etwas wärmer geworden ist. Dann rollt sich Paul zusammen und schließt die Augen. Draußen heult und pfeift der Wind. Im Iglu ist es gemütlich. Sehr gemütlich, denkt Paul und drückt die Schlittenhunde fest an sich.

Papa fühlt sich allerdings mit der Zeit etwas beengt. Leise zieht er sich zurück.

„Wohin gehst du?" fragt Paul schläfrig.

„Ich baue mir jetzt ein eigenes Iglu."

„Soll ich dir helfen?" fragt Paul und ist auf einmal wieder hellwach.

„Nein, danke! Das schaffe ich schon allein."

„Halt. Du hast dich noch nicht auf Eskimoart von mir verabschiedet."

Papa ist sich nicht sicher, ob sich die Eskimos auch durch Nasenreiben verabschieden. Möglich wäre es. Also reiben der alte und der junge Eskimo noch einmal ihre Nasen kräftig aneinander, bis sie ganz, ganz heiß sind.

„Mit so einer heißen Nase", sagt Papa, „läßt sich die kälteste Nacht überstehen."

Hanna Hanisch

Tim wartet auf die Nacht

Es ist Sommer. Tim ist beim Großvater zu Besuch. Tim und der Großvater schauen aus dem Fenster.

Nun ist es Abend geworden. Die Sonne verschwindet hinter dem Berg. Die Wolken am Himmel sind bunt: rosa, gelb und grün.

„Es ist Zeit, schlafen zu gehen", sagt der Großvater.

„Ich will warten, bis die dunkle Nacht kommt", sagt Tim.

„Das dauert noch eine Weile", sagt der Großvater.

Sie schauen aus dem Fenster.

Die hellen Wolken werden dunkler.

„Wann kommt endlich die dunkle Nacht?" fragt Tim.

„Das dauert noch eine Weile", sagt der Großvater.

„Da werde ich aber hungrig", sagt Tim.

Da holt der Großvater ein dickes Butterbrot für Tim. Tim kaut daran.

„Wann kommt endlich die ganz dunkle Nacht?" fragt Tim.

„Das dauert noch eine Weile", sagt der Großvater.

„Da wird mir aber kalt vom Warten", sagt Tim.

Da holt der Großvater eine wollene Decke und

wickelt Tim hinein. Sie schauen weiter aus dem Fenster. Am Himmel gibt es noch helle Flecken. In manchen Häusern brennt Licht.

„Wann ist die dunkle Nacht endlich da?" fragt Tim.

„Ein Weilchen wird es noch dauern", sagt der Großvater.

„Da werde ich aber müde vom Warten", sagt Tim.

Er muß gähnen. Seine Arme hängen schlapp. Sein Kopf nickt nach vorn.

„Halt!" ruft der Großvater. „Nicht vom Stuhl fallen. Gleich kommt die Nacht."

Aber Tim ist eingeschlafen.

Der Großvater trägt ihn ins Bett.

Am anderen Morgen scheint die Sonne.

„Wo ist die dunkle Nacht?" fragt Tim.

„Du hast sie verschlafen", sagt der Großvater.

„Heute abend passe ich besser auf", sagt Tim. „Mit vielen Broten. Und vielen Decken. Und du mußt mich in den Arm nehmen, damit ich nicht vom Stuhl falle."

„Ja", sagt der Großvater, „heute abend machen wir es richtig."

Guten Abend, gut' Nacht

Aus „Des Knaben Wunderhorn"
Melodie: Johannes Brahms

Tilde Michels

Drei Wanderbären tauchen auf

Gustav Bär hat ein gemütliches weiches Bett. Ein richtiges Bärenbett, in dem er sich wohl fühlt. Denn Gustav ist ein Langschläfer und ein Dauerschläfer und ein Winterschläfer.

Kaum ist die Sonne untergegangen, kuschelt er sich unter seine Decke und schläft einen tiefen Bärenschlaf.

Eines Abends aber, als Gustav die Bettdecke zurückschlägt, liegt da schon jemand drunter. Gustav brummelt und schaut:

Drei fremde kleine Bären liegen da und blinzeln ihn an. Liegen einfach in seinem Bett und blinzeln.

„Ja wer…? Ja woher…? Ja wieso…?" stottert Gustav.

Aber die drei kleinen Bären wissen schon, was er fragen will. Sie antworten: „Wir heißen Cilli, Bim und Mocke. Wir sind Wanderbären."

Bim sagt: „Wir wandern durchs Land, mal dahin, mal dorthin."

Mocke sagt: „Wo's uns gefällt, da bleiben wir."

Und Cilli sagt: „Bei dir gefällt's uns."

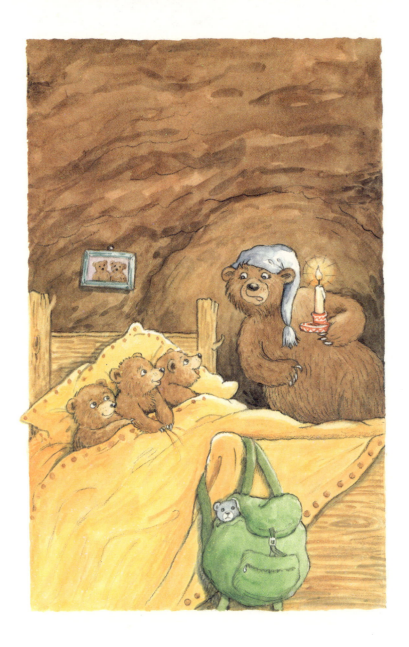

Gustav schnauft und wiegt den Kopf. So schnell kann er das gar nicht begreifen. „Wanderbären seid ihr?" wiederholt er. „Und es gefällt euch bei mir? Wirklich?"

Die Wanderbären nicken mit den Köpfen. Dann sagt Mocke:

„Außerdem bist du so allein. Das ist doch langweilig, oder? Da haben wir uns gedacht, wir könnten deine Freunde sein."

„Meine Freunde?" Gustav Bär strahlt. „Freunde habe ich mir schon immer gewünscht. Mit Freunden kann man spielen. Mit Freunden kann man lachen. Mit Freunden kann man Dummheiten machen..."

„Und mit Freunden muß man alles teilen", sagt Mocke.

„Teilen?" fragt Gustav. „Was denn teilen?"

„Zum Beispiel", sagt Cilli und blinzelt, „zum Beispiel das Bett."

Gustav Bär sagt eine ganze Weile gar nichts. Er brummelt nicht einmal. Er schaut nur vor sich hin und zieht die Stirn in Falten.

„Teilen?" fragt er schließlich. „Mein Bett?"

Die drei Wanderbären setzen sich auf und schauen Gustav an. Ganz lieb schauen sie ihm in die Augen.

„Teilen!" sagt Cilli.

„Bett!" sagt Bim.

„Freunde!" sagt Mocke.

Dann streicheln sie ihm die Bärentatzen, wie ihm noch nie jemand die Tatzen gestreichelt hat.

Da wird es Gustav ganz warm ums Herz. Er schaut hinunter auf Cilli, Bim und Mocke, die sich so behaglich in sein Bett gekuschelt haben, und er sagt: „Also gut, wir teilen."

Patricia Scarry
Schlaf gut, Jakob!

Wenn Jakob abends ins Bett ging, nahm er alle seine Stofftiere mit. Keins sollte alleine schlafen! Aber es waren so viele, daß manchmal eins herausfiel.

PLUMPS!

Wenn Jakob dann aus dem Bett kletterte, um es zu retten, purzelten die anderen hinterher. Dann mußten sie alle noch einmal ins Bett gebracht werden.

Eines Abends rettete Jakob gerade den Hasen, da fiel der Hund aus dem Bett.

PLUMPS!

Geduldig kletterte Jakob aus dem Bett, um den Hund zu retten, als der Teddy und der Löwe auf den Fußboden kullerten.

PLUMPS! PLUMPS!

Was soll ich bloß machen? dachte Jakob und legte die Arme um seine Tiere. Da hatte er eine Idee. Er wollte mit dem Teddy auf dem Fußboden schlafen. Dann hatten die anderen Tiere genug Platz im Bett.

Er versuchte, auf dem Teppich zu schlafen. Er legte sich auf den Rücken. Er legte sich auf den Bauch. Er fror, denn er hatte keine Decke. Da kam der Vater herein, um Jakob gute Nacht zu sagen.

„Was machst du denn da?" fragte er.

„Wir sind einfach zu viele, Papa!" sagte Jakob. „Da hab ich den Tieren mein Bett gegeben."

„Die könnten doch in der Spielzeugschachtel schlafen", schlug der Vater vor.

„Aber sie sind doch an mein Bett gewöhnt", sagte Jakob.

Vater ging hinaus und kam mit einem Kissen zurück.

„Ich weiß, was wir machen!" sagte er.

Er legte das Kissen ans Fußende von Jakobs Bett.

„Papa, das ist eine tolle Idee! Ein Bett für meine Tiere!" rief Jakob.

Aber wer sollte nun auf dem Kopfkissen schlafen und wer am Fußende?

„Sie können sich ja abwechseln", sagte Vater.

Jakob kuschelte sich in sein Kopfkissen und winkte seinen Freunden am Fußende zu. Dann kroch er unter die Decke und kam am anderen Ende wieder heraus.

„Ich kann doch auch abwechseln!" sagte er.

„Das ist eine tolle Idee! Und nun schlaf gut, Jakob!" sagte Vater. Da war Jakob schon eingeschlafen.

Paula Dehmel
Gutenachtliedchen

Leise, Peterle, leise,
der Mond geht auf die Reise;
er hat sein weißes Pferd gezäumt,
das geht so still, als ob es träumt,
leise, Peterle, leise.

Stille, Peterle, stille,
der Mond hat eine Brille;
ein graues Wölkchen schiebt sich vor,
das sitzt ihm grad auf Nas' und Ohr,
stille, Peterle, stille.

Träume, Peterle, träume,
der Mond guckt durch die Bäume;
ich glaube gar, nun bleibt er stehn,
um Peterle im Schlaf zu sehn –
träume, Peterle, träume.

Tilde Michels

Das Märchen vom großen Bären

Bärlinde wird Gustavs Frau werden und nimmt von allen am Petzbach Abschied. Endlich sind sie und Gustav und die drei Wanderbären auf dem Weg zu Gustavs Bärenhaus.

„Na, was haben wir dir gesagt?" ruft Mocke. „Ist das Wandern nicht schön?"

„Es hat sich gelohnt", brummelt Gustav. „Es hat sich wirklich gelohnt." Er fühlt sich so glücklich wie noch nie in seinem Leben. Bärlinde geht an seiner Seite. Vor ihnen hopsen die drei kleinen Bären durch das frühlingsgrüne Land.

Gegen Abend setzen sie sich auf einen Hügel unter eine alte Buche. Der Himmel färbt sich rot von der untergehenden Sonne. Dann legt sich die Dämmerung über Wiesen und Wälder. Hoch über ihnen gehen die Sterne auf.

Bärlinde lehnt ihren Kopf an Gustav, und Gustav legt ihr seinen Arm um die Schulter. Da huscht ein Schatten über sie hinweg und schlüpft in die Zweige der Buche. Es ist eine Eule, die in einem Astloch ihre Wohnung hat.

Als sie die fünf Bären unter der Buche entdeckt, schwingt sie sich auf einen Ast genau über ihren Köpfen. „Sieh da, Nachtwanderer", sagt sie. „Auch ich liebe die Dunkelheit. Die Nacht ist schön und voller Geheimnisse."

„Und voller Sterne", sagt Bärlinde.

Die Eule sucht mit ihren runden Augen den Himmel ab. „Da oben steht euer Sternbild, der Große Bär. – Wißt ihr eigentlich, wie er an den Himmel gekommen ist?"

Das weiß keiner von ihnen.

„Gibt es darüber eine Geschichte?" fragt Bärlinde.

„Eine wunderschöne Geschichte", erwidert die Eule, und sie erzählt das Märchen vom Großen Bären: „Es waren einmal ein Bär und eine Bärin, die wollten so gern ein Kind haben.

Die Bärin sagte: ‚Es soll aber ein besonderes Kind werden. Es soll schöner sein als alle anderen Bären.'

Sie dachte bei Tag und Nacht an nichts anderes. Und als das Bärenkind geboren wurde, war es wirklich das schönste, das man sich denken konnte. Es hatte ein weiches, seidiges Fell, und statt der Krallen aus Horn hatte es an allen vier Tatzen Krallen aus purem Gold.

Die Eltern waren stolz auf ihr Kind und zeigten es überall herum. Aber den anderen Bären gefiel es ganz und gar nicht. ‚Goldene Krallen – zu was sollen die gut sein?' sagten die einen. ‚Mit goldenen Krallen kann er nicht graben, nicht schaben und auch sonst keine Bärenarbeit verrichten.'

‚Ein seidiges Fell – zu was soll das gut sein?' sagten die anderen. ‚Wenn er sich damit an Bäumen wetzt, dann ist's gleich zerfetzt.'

Und weil ihn niemand mochte, blieb der kleine Bär mit den goldenen Krallen einsam. Wenn er mit den andern spielen wollte, kniffen sie ihn in sein schönes Fell und jagten ihn weg.

Auch als er groß geworden war, wollten die Bären nichts mit ihm zu tun haben. ‚Der will etwas Besseres sein!' sagen sie.

Aber das stimmte gar nicht. Der Bär mit den goldenen Krallen wäre viel lieber ein ganz gewöhnlicher Bär gewesen. Er gab sich große Mühe, alles genauso zu machen wie die andern, aber es nützte ihm nichts. Da beschloß er, in die Welt zu ziehen. Er wollte sich einen Freund suchen, der zu ihm paßte. Aber auch in der weiten Welt fand er keinen. Alle sagten: ‚Der ist nicht wie wir. Den können wir nicht gebrauchen.' Der Bär mit den goldenen Krallen wanderte über die ganze Erde, und eines Abends kam er ans Ende der Welt. Er ging bis an den äußersten Rand eines Felsens, der über den Abgrund ragte.

‚Wohin soll ich jetzt noch gehen?' fragte er sich.

Da rauschten mächtige Flügel über ihm, und ein Adler kreiste um den Felsen. Der Adler aber hatte goldene Krallen – genau wie er. Und er hatte Federn, die genauso schimmerten wie das seidige Fell des Bären. ‚Wer bist du, woher kommst du?' rief der Bär.

Der Adler ließ sich neben ihm auf dem Felsrand

nieder. ‚Ich bin dein Freund', sagte er, ‚und ich will dich zu den anderen bringen.'

‚Zu welchen anderen?' fragte der Bär.

Der Adler hob den Kopf und zeigte zum Himmel. ‚Sieh nur genau hin! Da ist der Löwe, er hat goldene Krallen wie du und ich. Dort ist der Stier mit den goldenen Hörnern, dort die Fische mit schimmernden Schuppen, der Krebs mit goldenen Scheren und viele andere. Es ist noch Platz für dich. Komm mit!'

Dem Bären schlug das Herz laut vor Glück. Endlich hatte er Freunde gefunden, die so waren wie er.

Dann aber blickte er sich um und sah den Abgrund unter sich. ‚Wie kann ich hinauf an den Himmel kommen?' rief er. ‚Ich kann doch nicht fliegen wie du!'

Der Adler aber antwortete: ‚Du kannst es, denn du stehst am Rand der Welt. Hier ist der Himmel überall – über dir und unter dir.'

Da schloß der Bär die Augen und tat einen weiten Sprung. Er spürte, daß er schwebte. Und als er die Augen wieder öffnete, befand er sich in einem unendlich weiten, blauen Raum mit funkelnden Sternen.

Die Bären auf der Erde aber wunderten sich, als es am Himmel plötzlich zu schimmern und zu glänzen begann. Es war, als ob ein neues Licht aufgegangen wäre. Sie blickten empor, und da sahen sie einen Bären aus leuchtenden Sternen hoch oben am Himmelszelt.

Und seitdem", schließt die Eule ihre Geschichte, „steht er da oben, der Große Bär."

Eine Weile bleibt es ganz still. Bärlinde schmiegt sich enger an Gustav. Cilli, Bim und Mocke sitzen stumm daneben. Alle blicken zum Sternbild des Großen Bären hinauf, und es ist ihnen richtig feierlich zumute.

Aber allzulange ist es den drei Wanderbären nie feierlich. Mocke springt als erster auf. Er ruft: „Schön war das. Und jetzt geht's weiter!"

Da stehen auch die anderen auf und machen sich bereit. Die Eule blinkert mit ihren großen Augen zum Abschied. Die Bären winken zurück und wandern in die Nacht hinein.

Ganz leise stimmt Cilli die Wanderbären-Melodie an. Und dann singen sie zusammen eine neue Strophe vom Großen Bären:

„Der Große Bär am Himmelszelt,
der Große Bär am Himmelszelt,
am Him-mels-zelt,
der wandert mit uns durch die Nacht,
hat immer über uns gewacht,
denn wir sind seine Brüder,
ja Brü-ü-der."

Hanna Hanisch

Der Stern Astranova

In einer großen Stadt lebt ein Mann, der ist Sterngukker. Das ist sein Hobby. Er wohnt in einem hohen Haus, ganz oben in der Dachkammer. Von seinem Fenster aus schaut er durch sein großes Fernrohr zum Himmel, bis tief in die Nacht hinein. Manchmal ist der Himmel mit Wolken und Dunst bedeckt. Dann sieht er nur wenige Sterne. Manchmal sieht er überhaupt nichts, nur eine grauschwarze Wolkenwand.

Aber an manchen Abenden, im August oder im September, erblickt er den ganzen Himmel voller Sterne. Dann ist er glücklich. Er kennt die Namen der Sternbilder und die Namen der einzelnen Sterne.

Eines Abends muß sich der Sterngucker dreimal die Augen wischen. Er ist ganz aufgeregt: Er hat einen neuen Stern entdeckt – einen Stern, der silbern flimmert mit einem blaugrünen Rand.

Der Sterngucker ist sicher: Diesen Stern hat er nie zuvor gesehen. Er hat nie etwas von ihm gelesen oder gehört. Die ganze Nacht muß er daran denken: „Ich habe einen neuen Stern entdeckt. Er soll ASTRANOVA heißen."

Am frühen Morgen läuft er gleich auf die Straße.

„Ich habe einen neuen Stern entdeckt!" ruft er dem Milchmann zu.

„Ja, ja", ruft der Milchmann zurück, „es wird schon kalt morgens." Und er fährt weiter seine Milch aus.

„Ich habe einen neuen Stern entdeckt!" begrüßt der Sterngucker eine Dame, die ihren Hund ‚Gassi' führt.

Die Dame guckt komisch und zieht an der Leine. „Komm, Bodo, komm!" Von einem Stern will sie nichts hören.

„Ich habe einen neuen Stern entdeckt!" ruft der Sterngucker am Parkplatz, wo die Berufsschüler parken.

„Davon gibt's doch schon genug!" lachen die Schüler und laufen in die Schule.

Will denn keiner die Neuigkeit hören?

Der Sterngucker verliert nicht seine Freude. „Ein neuer Stern", denkt er. „So etwas Wunderbares! Vielleicht gibt es dort auch Lebewesen? Die ganz anders leben als wir?"

Er läuft weiter bis zur Fußgängerzone. Viele Menschen sind unterwegs. Es gibt Buden und Stände dort. Manche Leute sitzen auf Bänken, lesen die Zeitung oder essen ein Würstchen.

„Ich habe einen neuen Stern entdeckt!" verkündet der Sterngucker.

Ein Mann hinter einem Verkaufsstand winkt ihn heran. „Greifen Sie zu! Die Kette, das Armband und die Ohrringe, alles zusammen für zwölf Mark."

Der Sterngucker betrachtet die bunten Sachen. „Ob

sich die Wesen auf dem neuen Stern auch mit Ketten und Ringen schmücken?" denkt er. Er würde gern etwas darüber erfahren.

Er setzt sich zu ein paar Leuten auf eine Bank. „Hören Sie", sagt er, „ich habe einen neuen Stern entdeckt. Gestern abend. Vielleicht ist es der Stern des Friedens?"

„Schön wär's", sagt ein Mann mit einem Lockenbart. Die anderen Leute nicken dazu.

Den Sterngucker drängt es, weiterzugehen. „Herr Polizist!" sagt er zu einem Mann mit weißer Mütze. „Was sagen Sie dazu? Ich habe einen neuen Stern entdeckt!"

Aber der Polizist hat keine Zeit, sich zu unterhalten. Er muß einen Jungen verwarnen, der mit dem Rad durch die Fußgängerzone kurvt.

Vor der Eisdiele weint ein kleines Mädchen. Die Eistüte ist ihm aufs Pflaster gefallen. „Nicht weinen", flüstert der Sterngucker. „Ich habe einen neuen Stern entdeckt."

Das kleine Mädchen lacht und klatscht in die Hände. „Einen schönen Gruß von mir an den Stern."

Der Sterngucker lächelt. Am Abend schaut er wieder durch sein Fernrohr. Aber der Himmel ist voller Wolken. Der Sterngucker ist nicht traurig darüber. Er weiß es genau: Hinter der Wolkenwand leuchtet der Stern ASTRANOVA. Auch wenn heute schlechte Sicht für Sterngucker ist.

Wilhelm Hey

Weißt du, wieviel Sternlein stehen

2. Weißt du, wieviel Mücklein spielen
in der heißen Sonnenglut?
Wieviel Fischlein auch sich kühlen
in der hellen Wasserflut?
Gott der Herr rief sie mit Namen,
daß sie all ins Leben kamen,
daß sie nun so fröhlich sind,
daß sie nun so fröhlich sind.

3. Weißt du, wieviel Kinder frühe
stehn aus ihren Bettlein auf,
daß sie ohne Sorg' und Mühe
fröhlich sind im Tageslauf?
Gott im Himmel hat an allen
seine Lust, sein Wohlgefallen,
kennt auch dich und hat dich lieb,
kennt auch dich und hat dich lieb.

Melodie: volkstümlich

Brüder Grimm

Die Sterntaler

Es war einmal ein kleines Mädchen, dem waren Vater und Mutter gestorben, und es war so arm, daß es kein Kämmerchen mehr hatte, darin zu wohnen, und kein Bettchen mehr, darin zu schlafen, und endlich gar nichts mehr als die Kleider auf dem Leib und ein Stückchen Brot in der Hand, das ihm ein mitleidiges Herz geschenkt hatte. Es war aber gut und fromm.

Und weil es so von aller Welt verlassen war, ging es im Vertrauen auf den lieben Gott hinaus ins Feld.

Da begegnete ihm ein armer Mann, der sprach: „Ach, gib mir etwas zu essen, ich bin so hungrig." Es reichte ihm das ganze Stückchen Brot und sagte: „Gott segne dir's", und ging weiter.

Da kam ein Kind, das jammerte und sprach: „Es friert mich so an meinem Kopf, schenkt mir etwas, womit ich ihn bedecken kann."

Da tat es seine Mütze ab und gab sie ihm.

Und als es noch eine Weile gegangen war, kam wieder ein Kind und hatte kein Leibchen und fror; da gab es ihm seins.

Und noch weiter, da bat eins um ein Röcklein, das gab es auch von sich hin.

Endlich gelangte es in einen Wald, und es war schon dunkel geworden, da kam noch eins und bat um ein Hemdlein, und das fromme Mädchen dachte: „Es ist dunkle Nacht, da sieht dich niemand, du kannst wohl dein Hemd weggeben", und zog das Hemd ab und gab es auch noch hin.

Und wie es so stand und gar nichts mehr hatte, fielen auf einmal die Sterne vom Himmel und waren lauter harte blanke Taler. Und obgleich es sein Hemdlein weggegeben, so hatte es ein neues an, und das war vom allerfeinsten Leinen. Da sammelte es sich die Taler hinein und war reich für sein Lebtag.

Eva Maria Kohl

Warum die Nacht schwarz ist

Es war einmal ein kleines Mädchen, das lag in seinem Bett und konnte nicht einschlafen. Es sah zum Fenster, ob nicht noch ein wenig von der Sonne oder vom Himmel zu sehen war. Aber hinter dem Fenster war es dunkel.

„Die Nacht ist so schwarz", sagte das Mädchen, „ich fürchte mich."

Das hörte eine Wolke, die gerade vorüberflog. Sie flog ins Zimmer und setzte sich zu dem Mädchen auf die Bettdecke.

„Wer bist du denn?" fragte das Mädchen erstaunt und hörte auf zu weinen.

„Ich bin die Wolke Isolde und habe dich weinen hören. Da dachte ich mir, ich schaue mal vorbei."

„Ich fürchte mich so vor der schwarzen Nacht", sagte das Mädchen und fing wieder zu weinen an.

„Da mußt du dich nicht fürchten. Ich werde dir die Geschichte von der dunklen Nacht erzählen", sagte die Wolke.

„O ja! Erzähl!" bat das Mädchen.

„Vor vielen, vielen Jahren, als das Jahr noch keine Jahreszeiten und der Tag noch keine Stunden hatte, besaß Frau Erde fünf Kleider. Das erste Kleid war hellgrün wie eine Wiese am frühen Morgen. Das zweite Kleid war sonnengelb wie ein Kornfeld am Mittag. Das dritte Kleid war rot wie die Wange eines Apfels am Nachmittag. Das vierte Kleid war veilchenblau wie der Abendhimmel. Das fünfte Kleid aber war schwarz wie die Nacht. Diese Kleider trug Frau Erde abwechselnd. Mond und Sonne, Sterne und Wolken sahen sie darin und freuten sich, wie schön und jung Frau Erde in ihren Kleidern aussah. Sie gaben den Kleidern Namen. ‚Jetzt kommt das Morgenkleid!' riefen sie, wenn sie das sonnengelbe Kleid trug. Zu dem apfelroten Kleid sagten sie Nachmittagskleid und zu dem veilchenblauen Abendkleid. ‚Was für wunderschöne Farben!' sagten sie, ‚sie leuchten und leuchten, man möchte sie immerzu ansehen!' Kam aber Frau Erde in dem nachtschwarzen Kleid, drehten sie sich weg. ‚Es ist dunkel und ganz ohne Farben. Wirf es weg!' rieten sie Frau Erde.

So kam es, daß Frau Erde nur vier Kleider trug. Sie trug sie eine lange, lange Zeit. Einmal aber kam der Wind zu Frau Erde und sagte: ‚Liebe Erde! Eure Kleider sind schön und gefallen meinen Augen sehr. Aber verzeiht, weil ich Euch immer ansehen muß, brennen meine Augen und schmerzen. Habt Ihr nicht ein Kleid, an dem meine Augen sich ausruhen können?'

Ein andermal kamen zwei Wolken und baten: ‚Liebe Erde! Ihr seid so schön, und die Farben Eurer Kleider leuchten und glänzen. Aber verzeiht, Ihr leuchtet und glänzt immerzu, uns tränen die Augen vom vielen Schauen. Habt Ihr nicht ein Kleid, an dem sich unsere Augen ausruhen können?'

Da erinnerte sich Frau Erde an ihr fünftes Kleid, das nachtschwarz war, und holte es wieder hervor. So kam die Nacht."

„Mußt du jetzt fortfliegen?" fragte das kleine Mädchen.

„Ja", sagte die Wolke. „Auf Wiedersehen!"

„Bleib bei mir", bat das kleine Mädchen, „und erzähl noch eine Geschichte."

„Das geht leider nicht", antwortete die Wolke, „aber meine Freundin, die Bettdecke, bleibt bei dir, sie weiß noch viele Geschichten. Wenn du unter sie kriechst und ganz leise bist, wirst du sie hören."

Das kleine Mädchen rutschte unter die Bettdecke, legte sein Ohr dicht daran, und es hörte noch viele Geschichten.

Margret und Rolf Rettich

Der Traum

Mitten in der Nacht wacht Stine auf. Sie schüttelt Karli, und Karli fährt hoch. „Was ist los?" ruft er.

Stine sagt: „Ich hatte einen Traum. Du warst ein Huhn und bist weggeflogen. Manche Träume gehen in Erfüllung."

Karl sagt: „Ich kann gar nicht fliegen." Er dreht sich um und schläft weiter. Stine schläft auch weiter.

Nach einer Weile wacht sie wieder auf. Sie zieht Karli an den Haaren, und Karli fährt hoch. „Was ist denn jetzt?" ruft er. Stine sagt: „Ich habe noch mal geträumt. Diesmal warst du ein Dampfer und bist weggeschwommen."

Karli sagt: „Aber ich kann doch gar nicht schwimmen."

Er wirft sich herum und schläft weiter. Stine schläft auch weiter.

Dann wacht Stine zum drittenmal auf. Sie kneift Karli in die Nase, und Karli fährt hoch. „Was ist nun schon wieder?" ruft er.

Stine sagt: „Ich träume immer weiter. Jetzt warst du unser kleiner Hund. Du hast gebellt und bist weggelaufen."

Karli sagt: „Ich kann überhaupt nicht bellen." Er denkt: Aber weglaufen kann ich. Stine schläft weiter. Karli steht leise auf. Er nimmt sein Deckbett und schleicht hinaus. Im Garten legt er sich unter den Kirschbaum. Hier kann ihn Stine nicht stören.

Karli hat die Tür offengelassen.

Der kleine Hund läuft ins Haus. Er springt in Karlis Bett, rollt sich zusammen und schläft ein.

Am andern Morgen wacht Stine auf. Sie reckt sich und streckt sich. Dabei denkt sie: Alles war nur ein Traum. Karli ist kein Huhn. Auch kein Dampfer. Und auch nicht unser kleiner Hund.

Sie dreht sich herum und will Karli wecken. In Karlis Bett liegt der kleine Hund und macht: „Wuff!"

Auweia, denkt Stine, ob Träume doch in Erfüllung gehen?

Theodor Storm

Der kleine Häwelmann

Ein Kindermärchen

Es war einmal ein kleiner Junge, der hieß Häwelmann. Des Nachts schlief er in einem Rollenbett und auch des Nachmittags, wenn er müde war; wenn er aber nicht müde war, so mußte seine Mutter ihn darin in der Stube umherfahren, und davon konnte er nie genug bekommen.

Nun lag der kleine Häwelmann eines Nachts in seinem Rollenbett und konnte nicht einschlafen; die Mutter aber schlief schon lange neben ihm in ihrem großen Himmelbett. „Mutter", rief der kleine Häwelmann, „ich will fahren!" Und die Mutter langte im Schlaf mit dem Arm aus dem Bett und rollte die kleine Bettstelle hin und her, und wenn ihr der Arm müde werden wollte, so rief der kleine Häwelmann: „Mehr, mehr!", und dann ging das Rollen wieder von vorne an. Endlich aber schlief sie gänzlich ein; und soviel Häwelmann auch schreien mochte, sie hörte es nicht; es war rein vorbei.

Da dauerte es nicht lange, so sah der Mond in die Fensterscheiben, der gute alte Mond, und was er da sah, war so possierlich, daß er sich erst mit seinem

Pelzärmel über das Gesicht fuhr, um sich die Augen auszuwischen; so etwas hatte der alte Mond all sein Lebtage nicht gesehen. Da lag der kleine Häwelmann mit offenen Augen in seinem Rollenbett und hielt das eine Beinchen wie einen Mastbaum in die Höhe. Sein kleines Hemd hatte er ausgezogen und hing es wie ein Segel an seiner kleinen Zehe auf; dann nahm er ein Hemdzipfelchen in jede Hand und fing mit beiden Backen an zu blasen. Und allmählich, leise, leise, fing es an zu rollen, über den Fußboden, dann die Wand hinauf, dann kopfüber die Decke entlang und dann die andere Wand wieder hinunter. „Mehr, mehr!" schrie Häwelmann, als er wieder auf dem Boden war; und dann blies er wieder seine Backen auf, und dann ging es wieder kopfüber und kopfunter. Es war ein großes Glück für den kleinen Häwelmann, daß es gerade Nacht war und die Erde auf dem Kopf stand; sonst hätte er doch gar zu leicht den Hals brechen können.

Als er dreimal die Reise gemacht hatte, guckte der Mond ihm plötzlich ins Gesicht. „Junge", sagte er, „hast du noch nicht genug?" – „Nein", schrie Häwelmann, „mehr, mehr! Mach mir die Tür auf! Ich will durch die Stadt fahren; alle Menschen sollen mich fahren sehen." – „Das kann ich nicht", sagte der gute Mond; aber er ließ einen langen Strahl durch das Schlüsselloch fallen; und darauf fuhr der kleine Häwelmann zum Hause hinaus.

Auf der Straße war es ganz still und einsam. Die hohen Häuser standen im hellen Mondschein und glotzten mit ihren schwarzen Fenstern recht dumm in die Stadt hinaus; aber die Menschen waren nirgends zu sehen. Es rasselte recht, als der kleine Häwelmann in seinem Rollenbette über das Straßenpflaster fuhr; und der gute Mond ging immer neben ihm und leuchtete. So fuhren sie Straßen aus, Straßen ein; aber die Menschen waren nirgends zu sehen.

Als sie bei der Kirche vorbeikamen, da krähte auf einmal der große goldene Hahn auf dem Glockenturme. Sie hielten still. „Was machst du da?" rief der kleine Häwelmann hinauf. – „Ich krähe zum erstenmal!" rief der goldene Hahn herunter. – „Wo sind denn die Menschen?" rief der kleine Häwelmann hinauf. – „Die schlafen", rief der goldene Hahn herunter, „wenn ich zum drittenmal krähe, dann wacht der erste Mensch auf." – „Das dauert mir zu lange", sagte Häwelmann, „ich will in den Wald fahren, alle Tiere sollen mich fahren sehen!" – „Junge", sagte der gute alte Mond, „hast du noch nicht genug?" – „Nein", schrie Häwelmann, „mehr, mehr! Leuchte, alter Mond, leuchte!" Und damit blies er die Backen auf, und der gute alte Mond leuchtete, und so fuhren sie zum Stadttor hinaus und übers Feld und in den dunkeln Wald hinein. Der gute Mond hatte große Mühe, zwischen den vielen Bäumen durchzukommen; mitunter war er ein ganzes Stück zurück, aber er holte den kleinen Häwelmann doch immer wieder ein.

Im Walde war es still und einsam; die Tiere waren nicht zu sehen; weder die Hirsche noch die Hasen, auch nicht die kleinen Mäuse. So fuhren sie immer weiter, durch Tannen- und Buchenwälder, bergauf und bergab. Der gute Mond ging nebenher und leuchtete in alle Büsche; aber die Tiere waren nicht zu sehen; nur eine kleine Katze saß oben in einem Eichbaum und funkelte mit den Augen. Da hielten sie still. „Das ist der kleine Hinze!" sagte Häwelmann, „ich kenne ihn wohl; er will die Sterne nachmachen." Und als sie weiterfuhren, sprang die kleine Katze mit von Baum zu Baum. „Was machst du da?" rief der kleine Häwelmann hinauf. – „Ich leuchte!" rief die kleine Katze herunter. – „Wo sind denn die andern Tiere?" rief der kleine Häwelmann hinauf. – „Die schlafen", rief die kleine Katze herunter und sprang wieder einen Baum weiter; „horch nur, wie sie schnarchen!" – „Junge", sagte der gute alte Mond, „hast du noch nicht genug?" – „Nein", schrie Häwelmann, „mehr, mehr! Leuchte, alter Mond, leuchte!" Und dann blies er die Backen auf, und der gute alte Mond leuchtete; und so fuhren sie zum Walde hinaus und dann über die Heide bis ans Ende der Welt, und dann gerade in den Himmel hinein.

Hier war es lustig; alle Sterne waren wach und hatten die Augen auf und funkelten, daß der ganze Himmel blitzte. „Platz da!" schrie Häwelmann und fuhr in den hellen Haufen hinein, daß die Sterne links und rechts vor Angst vom Himmel fielen. – „Junge", sagte der gute alte Mond, „hast du noch nicht genug?" – „Nein!" schrie der kleine Häwelmann, „mehr, mehr!" Und – hast du nicht gesehen! fuhr er dem alten guten

Mond quer über die Nase, daß er ganz dunkelbraun im Gesicht wurde. „Pfui!" sagte der Mond und nieste dreimal. „Alles mit Maßen!" Und damit putzte er seine Laterne aus, und alle Sterne machten die Augen zu. Da wurde es im ganzen Himmel auf einmal so dunkel, daß man es ordentlich mit Händen greifen konnte. „Leuchte, alter Mond, leuchte!" schrie Häwelmann, aber der Mond war nirgends zu sehen und auch die Sterne nicht; sie waren schon alle zu Bett gegangen. Da fürchtete der kleine Häwelmann sich sehr, weil er so allein im Himmel war. Er nahm seine Hemdzipfelchen in die Hände und blies die Backen auf; aber er wußte weder aus noch ein, er fuhr kreuz und quer, hin und her, und niemand sah ihn fahren, weder die Menschen noch die Tiere, noch auch die lieben Sterne.

Da guckte endlich unten, ganz unten am Himmelsrande ein rotes rundes Gesicht zu ihm herauf, und der kleine Häwelmann meinte, der Mond sei wieder aufgegangen. „Leuchte, alter Mond, leuchte!" rief er. Und dann blies er wieder die Backen auf und fuhr quer durch den ganzen Himmel und gerade drauflos. Es war aber die Sonne, die gerade aus dem Meere heraufkam. „Junge", rief sie und sah ihm mit ihren glühenden Augen ins Gesicht, „was machst du hier in meinem Himmel?" Und – eins, zwei, drei! nahm sie den kleinen Häwelmann und warf ihn mitten in das große Wasser. Da konnte er schwimmen lernen.

Und dann?

Ja und dann? Weißt du nicht mehr? Wenn ich und du

nicht gekommen wären und den kleinen Häwelmann in unser Boot genommen hätten, so hätte er doch leicht ertrinken können!

Achim Bröger

Moritz und sein Vater können nicht einschlafen

Die Mutter von Moritz ist mit der Eisenbahn zu einer Freundin gefahren. Und deswegen hat heute der Vater die Einschlafgeschichte vorgelesen.

Danach liegt der kleine Moritz hellwach und alleine in seinem dunklen Zimmer und denkt über die Geschichten nach. In einer ist ein Männchen vorgekommen. Wie hat das geheißen?

Da klopft's am Fenster. Moritz steht auf und öffnet es.

„Du willst wissen, wie ich heiße?" fragte ein kleines Männchen, das auf der obersten Sprosse einer Leiter steht und höflich seine Zipfelmütze zieht. „Mein Name ist Sandmann."

„Schön, daß du vorbeikommst", sagt Moritz und freut sich. Das Männchen streicht sich durch den langen Bart und klettert über das Fensterbrett ins Zimmer. Nicht mal so groß wie Moritz ist es. Es hat einen grauen Kittel an und eine dicke Brille vor den Augen.

„Da ist wohl der Schlafsand drin?" erkundigt sich Moritz und zeigt auf den Sack, den der Sandmann in die Ecke stellt. „Das ist bloß der ganz feine Sand" erklärt er. „Unten liegen noch drei Säcke mit anderen Sorten. Die hole ich jetzt, sonst klaut sie einer."

„Ich helfe dir", sagt der kleine Moritz und zieht seine Hausschuhe an. „Psst", macht der Sandmann. „Wir müssen leise sein, denn der Schlaf soll heimlich gebracht werden."

Er schleppt den Sand die Leiter hoch. Moritz stellt die vier Säcke auf den Fußboden und fragt: „Warum brauchst du unterschiedlichen Sand?"

„In diesem Sack ist der für den normalen Schlaf", erklärt das Männchen und wischt sich den Schweiß von der Stirn. „Links und rechts ein Sandkorn ins Auge, und man schläft normalerweise ein. Bei manchen Menschen muß ich allerdings zwei oder drei Sandkörner nehmen. Daneben liegt der Sand für Leute, die nur sehr schwer einschlafen. Dicker, körniger Sand ist das. Sollte auch das nichts nützen, gibt's noch dickeren, dunkleren Sand aus diesem Sack. Und in dem stecken ein paar besondere Dinge. So... und jetzt kommt gleich dein Vater dran, mein schwierigster Fall. Er ist nämlich nicht gewohnt, ohne deine Mutter zu schlafen. Und deswegen bleibt er einfach wach."

Wie Einbrecher schleichen die beiden über den Flur und schleppen kleine Sandsäcke. Heimlich, ganz heimlich öffnet der Sandmann die Schlafzimmertür. „Warte hier", flüstert er und läßt sie einen Spalt offen. Mit einigen feinen Sandkörnern huscht das Männchen durchs Schlafzimmer zum Bett. Moritz sieht das alles ganz genau. Und dann hört er seinen Vater fragen: „Was soll denn das? Was machst du an meinen Augen? Bist du's, kleiner Moritz?"

„Nein", flüstert das Männchen. „Ich bin's, der Sandmann. Warum schlafen Sie denn immer noch nicht? Sie wissen doch genau, daß Sie morgen sehr früh aufstehen müssen."

„Sie haben recht, Herr Sandmann", gibt der große Moritz zu. „Ich müßte schlafen, aber ich kann nicht."

„Nur keine Aufregung", flüstert der Sandmann mit leiser, freundlicher Stimme. „Ich hole Spezialsand."

Das Männchen huscht zum kleinen Moritz und sagt: „Gib mir bitte eine Handvoll von den dickeren Sandkörnern." Und schon ist er wieder im Schlafzimmer.

„So", hört ihn der kleine Moritz wispern, „jetzt ein paar Körner ins linke Auge und rechts auch ein paar. Schön stillhalten! Schon erledigt. Na, werden wir müde?"

„Überhaupt nicht", antwortet der große Moritz. „Ist auch kein Wunder. Man kann ja nicht schlafen, wenn dauernd ein Fremder mit Sand durchs Schlafzimmer rennt."

Einen Augenblick ist der Sandmann still. Dann sagt er etwas beleidigt: „Ich bringe Schlaf. Sie sollten mir dafür dankbar sein." Mit seiner kleinen Taschenlampe leuchtet er den großen Moritz an.

„Sie blenden mich", sagt der.

„Gleich werden Sie schlafen", verspricht das Männchen und rennt hinaus zum kleinen Moritz.

„Dein Vater ist ein harter Brocken", stöhnt er ihm ins Ohr. „Gib mir den stärksten Sand."

„Stillhalten", hört der kleine Moritz gleich darauf aus dem Schlafzimmer. „Schön die Augen schließen! Und jetzt wollen wir einschlafen, Herr Moritz."

„Ich will schon. Aber ich krieg nicht mal die Augen zu", beklagt sich der große Moritz. „Der Sand drückt. Die Körner sind zu groß. Lassen Sie mich bitte in Ruhe, Herr Sandmann. Sie haben mir schon fast einen Sack Sand ins Gesicht geschüttet. Und was hat es genützt?"

„Nichts", gibt der Sandmann zu und leuchtet den großen Moritz noch mal an. Aufrecht, hellwach und mit verwuschelten Haaren sitzt er in seinem Bett. Der kleine Moritz sieht seinen Vater deutlich durch den Türspalt.

„Ich muß weitermachen, Herr Moritz", sagt der Sandmann. „Hier steht es. Dienstanweisung für Sandmänner... Man darf den Schläfer erst dann verlassen, wenn er wirklich tief und fest schläft. Schlafen Sie tief und fest?"

„Nein", sagt der große Moritz, „leider nicht." Da rennt das Männchen zum kleinen Moritz und holt eine Spraydose aus dem vierten Sack. „Die praktische Sprayflasche mit Superschlafschaum", flüstert er ihm ins Ohr. Schon verschwindet es wieder im Schlafzimmer. „Sooo", sagt es leise. „Hier haben wir was ganz Tolles. Das werde ich Ihnen jetzt schön in die Augen sprühen..."

„Kommt nicht in Frage", protestiert der große Moritz. „Ich laß mir auf keinen Fall irgendwelches Zeug in die Augen sprühen." Das Männchen wird immer aufgeregter, denn es hat keine Zeit mehr. Es verlangt jetzt: „Sie sollen endlich schlafen!"

„Gerne", sagt der große Moritz, „aber vorher muß ich mein Bett machen. Da liegen nämlich Unmengen von Sand drin, die ein gewisser Herr Sandmann verstreut hat. Das knirscht, als hätte ich einen Zentner Kekse im Bett zerkrümelt."

Der Sandmann zieht die Schlafzimmertür zu und flüstert Moritz ins Ohr: „Morgen lasse ich mich in eine andere Straße versetzen. Dein Vater raubt mir nämlich den letzten Nerv."

Betrübt setzt er sich auf einen Sandsack. Dann sagt er mit müder Stimme: „Ich bin bestimmt ein tüchtiger Sandmann. Ich habe schwachen, starken und sehr starken Sand genommen. Ich habe deinem Vater gut zugeredet. Schlafspray will er nicht. Mir fällt nichts mehr ein."

Gähnend sitzt der Sandmann im dunklen Flur. Und dann sinkt ihm ganz plötzlich der Kopf auf die Brust. „Nicht einschlafen", flüstert der kleine Moritz noch und stupst ihn. Aber der Sandmann sitzt auf einem Sandsack und schnarcht leise vor sich hin.

Moritz schleppt den müden kleinen Mann in sein Zimmer. Dort legt er ihn ins Bett und deckt ihn zu. Dann geht er ins Schlafzimmer. „Du", sagt der kleine Moritz zum großen ins dunkle Zimmer.

„Was ist denn?" fragt der große Moritz.

„Ich kann nicht einschlafen."

Zuerst antwortet der große Moritz nicht. Dann sagt er: „Ich auch nicht. Ich stehe noch mal auf und trinke eine Flasche Bier. Komm mit in die Küche."

Die beiden setzen sich an den Küchentisch. Der große Moritz schenkt Bier ein, und der kleine leckt Schaum ab. „Und jetzt rufen wir sie an", schlägt der große Moritz vor. Der kleine Moritz weiß sofort, wen sie anrufen wollen. Gleich darauf hört er auch schon die Stimme seiner Mutter, die in einer anderen Wohnung am Telefon steht. „Ich bin's", meldet sich der kleine Moritz.

„Warum schläfst du denn nicht?" fragt sie.

„Ich kann nicht", antwortet er. „Und der große Moritz ist auch noch wach. Der ist nämlich nicht gewohnt, alleine zu schlafen. Deswegen lege ich mich nachher zu ihm ins Bett. In meinem schläft der Sandmann. Der ist sehr müde, weil er sich beim großen Moritz so anstrengen mußte."

„Am liebsten würde ich mich in den Zug setzen, nach Hause fahren und mich zu euch legen", sagt seine Mutter am Telefon. „Ich kann nämlich auch nicht einschlafen."

Jetzt sagt der große Moritz noch einiges. Dann ist es still im Flur, wo das Telefon steht, und die zwei Moritze legen sich ins Bett. „Gute Nacht", wünscht der kleine, „und nicht vergessen, morgen früh mußt du den Sandmann wecken, damit er nicht verschläft."

„Mach ich", sagt sein Vater. „Schlaf gut." Der kleine Moritz faßt den großen an der Hand. Und bevor er noch etwas erzählen kann, ist er eingeschlafen.

Lutz Rathenow

Der Gast

Der Eisbär mag noch nicht schlafen und schlendert in der Wohnung umher. Da entdeckt er einen zweiten Eisbären.

„Guten Tag!" grüßt er hocherfreut.

„Guten Tag!" antwortet der Bär hinter dem Spiegel zur gleichen Zeit.

„Ich dachte, ich bin allein in der Wohnung", sagte der Bär vor dem Spiegel und hört, daß sein Gegenüber dies ebenfalls annimmt.

„So ist es viel schöner."

Das meint der andere auch.

„Wir können uns noch ein bißchen unterhalten. Ich soll zwar schlafen, weil schon Abend ist. Aber ich bin nicht müde." Kaum hat das der Bär erklärt, muß er gähnen.

Und der Eisbär hinter dem Spiegel gähnt genauso.

Als der Bär vor dem Spiegel den Bären hinter dem Spiegel gähnen sieht, wird ihm noch mehr nach Gähnen zumute.

Er kann gerade noch ein „Entschuldigung" brummen, bevor er den Mund weit öffnet und lange und laut gähnt.

Dies scheint den zweiten Bären anzustecken, denn der gähnt ebenso ausgiebig.

Das regt wiederum den Bären vor dem Spiegel zu einem noch deutlicheren Gähnen an. Und es würde wohl kein Ende finden, wenn der Eisbär den Mund nicht so heftig aufreißen würde, daß sich die Augen wie von selbst schließen.

Jetzt, als er sein Gegenüber nicht mehr sieht, hört der Bär auf zu gähnen. Er merkt aber seine Müdigkeit. Besser schlafen, als sich die ganze Nacht was vorzugähnen, denkt er und öffnet die Augen.

Sein Freund steht da und schaut ihn an.

„Gute Nacht, lieber Freund, ich gehe jetzt schlafen!" Der Eisbär sieht, daß der Bär hinter dem Spiegel das gleiche sagt, und freut sich, weil er von ihm auch Freund genannt wird.

Da es aus seinem Mund erneut gähnen will, dreht er sich energisch um und tappt davon. Als er nach mehreren Schritten zum Spiegel zurückschaut, ist dort keiner mehr. Mein Freund schläft schon, schlußfolgert der Eisbär, legt sich mit dem Kopf auf eine Packung Eiswürfel und schläft ein.

Er träumt von Himbeereis, Vanilleeis, Schoko-, Erdbeer-, Kokos-, Bananeneis.

Gina Ruck-Pauquèt

Der kleine Nachtwächter und die Schäfchen

Der Tag war gut und freundlich gewesen. Der Drehorgelmann hatte seine schönsten Melodien gespielt, das Luftballonmädchen hatte sechsundzwanzig bunte Luftballons aufgepustet, der Dichter viele Blätter voller Gedichte gekritzelt, der Bauer hatte zugeschaut, wie das Gras wächst, und die Blumenfrau hatte ihre Blumen begossen. Nun war es Abend. Da zündete der kleine Nachtwächter seine Laterne an.

„Gute Nacht", sagten die Leute, und der Bauer fügte hinzu: „Morgen will ich die Dorfwiese mähen."

„Schlaft gut", entgegnete der kleine Nachtwächter. „Und laßt eure Fenster offen, damit der Nachtwind die Träume zu euch hereinwehen kann."

Dann machte er seine Runde. Er streichelte die kleinen Katzen, die ihm begegneten, grüßte den Wachhund und winkte dem Käuzchen zu. Doch als er eben darüber nachdenken wollte, warum wohl die Eichhörnchen so buschige Schwänze haben, schreckte ihn etwas auf. Es klang wie das Getrappel vieler kleiner Füße. Da blickte der kleine Nachtwächter sich um und sah eine riesige Schafherde.

„Oh", sagte er. „Guten Abend."

„Mäh", machten die Schafe, und sie kamen näher und schlossen ihn ein wie ein wogendes, weißes Meer.

Und ein ganz kleines Lamm knabberte sogar ein bißchen an seiner Laterne. Zuerst freute sich der kleine Nachtwächter über den Besuch. Als aber die Schafe zur Dorfwiese liefen, bekam er einen Schreck.

„Bitte", rief er, „knabbert nicht die Wiese leer. Der Bauer will sie morgen mähen."

Doch die Schafe kümmerten sich nicht um ihn. Sie zupften alle Grashalme ab, und das ganz kleine Lamm fraß die goldenen Butterblumen. Der kleine Nachtwächter war schrecklich unglücklich. Aber es sollte noch schlimmer kommen! Als die Schafe satt waren, gingen sie zum Dorfteich und tranken ihn leer. Das ganz kleine Lamm schluckte den allerletzten Tropfen.

Da setzte sich der kleine Nachtwächter an den Straßenrand und vergrub voller Verzweiflung sein Gesicht in den Händen. Stunde um Stunde saß er so.

Als er endlich im Morgengrauen aufstand und um sich blickte, waren die Schafe verschwunden. Die Wiese jedoch stand voll von duftendem Gras, und der Weiher hatte so viel Wasser, daß er beinahe überlief.

„Oh", sagte der kleine Nachtwächter, und er konnte es nicht verstehen.

Doch als er emporsah, fand er den Himmel voller Schäfchenwolken. Und es war ihm, als blinzele ihm die kleinste zu.

Hoffmann von Fallersleben

Wer hat die schönsten Schäfchen?

2. Er kommt am späten Abend,
wenn alles schlafen will,
hervor aus seinem Hause
am Himmel sanft und still.

3. Dort weidet er die Schäfchen
auf seiner blauen Flur,
denn all die weißen Sterne
sind seine Schäfchen nur.

4. Sie tun sich nichts zuleide,
hat eins das andre gern,
wie Schwestern und wie Brüder,
da droben, Stern an Stern.

Melodie: Joh. F. Reichard

Isolde Heyne

Der verschnupfte Anton

„Hatschi!" macht Sandmann Anton. Immer wieder: „Hatschi!" Mitten im Sommer hat er Schnupfen bekommen. Frau Sandmann macht ihm ein Fußbad, dann muß er Kamillentee einatmen, aber nichts hilft.

„So kannst du heute abend nicht zur Arbeit gehen", sagt sie schließlich. „Erstens könntest du die Kinder anstecken, und zweitens kannst du mit deinem Schnupfen nicht richtig pusten. Stell dir bloß mal vor, du sagst ,Hatschi' dabei!"

Sandmann Anton sieht das natürlich ein. Aber er kann keine Vertretung auftreiben.

„*Ich* werde dich vertreten!" sagt Frau Sandmann. „Du hast mir schon so viel von den Kindern erzählt, daß ich sie genauso gut kenne wie du. Ich weiß genau, was ich zu tun habe..."

„Nein, das... Hatschi!... nein, das... Hatschi!... na gut", sagt Sandmann Anton. Recht ist ihm das natürlich nicht. In all den Jahren war er immer pünktlich zur Stelle gewesen. Aber er sieht ein, daß er mit seiner Nieserei schlecht den Traumsand verteilen kann.

Frau Sandmann macht sich abends rechtzeitig auf den Weg. Die geschwätzige Elster schläft schon, und das ist gut so. Es braucht ja keiner zu wissen, daß der Sandmann heute eine Frau ist. Nur der Nachtvogel weiß Bescheid. Und er hat Anton versprochen, seiner Frau zu helfen.

„Warum habe ich das nicht schon öfter gemacht", sagt Frau Sandmann zum Nachtvogel. „Ich finde, das kann ich genauso gut wie die Sandmänner... Vielleicht sogar noch ein bißchen besser..." Der Nachtvogel blinkert dazu freundlich mit seinen leuchtenden Augen. Ihm gefällt das schon, wie Frau Sandmann behutsam an die Betten der Kinder tritt und sie zum Einschlafen bringt.

Sie kommen an das Haus, in dem Markus mit seinen Eltern wohnt. In seinem Zimmer ist noch Licht, aber Frau Sandmann sieht auch, daß die Lampe mit einem Tuch abgedunkelt ist. Seine Mutter ist bei ihm.

„Der Junge ist krank", erklärt der Nachtvogel. „Er hatte gestern Fieber. Schauen wir mal nach, wie es ihm heute geht."

Was sie sehen, ist nicht gerade beruhigend. Markus dreht sich in seinem Bett von einer Seite auf die andere, sein Kopf glüht vom Fieber.

Seine Mutter hat ihm gerade wieder Wadenwickel gemacht. Als sie das Licht löscht und leise aus dem Zimmer geht, setzt sich Frau Sandmann eine Weile an das Bett.

„Hallo, Markus", sagt sie. „Mein Mann ist auch krank, deshalb bin ich heute gekommen. Er hat Schnupfen und macht dauernd ‚Hatschi!'."

Markus dreht den Kopf um, so daß er die Frau des Sandmanns Anton besser anschauen kann. „Kannst du auch so schöne Geschichten erzählen wie er?" fragt er neugierig.

„Bestimmt. Vielleicht denke ich mir sogar extra eine Geschichte für dich aus." Frau Sandmann legt ihre kühle Hand auf die vom Fieber heiße Stirn von Markus. „Besser so?" fragt sie.

„Viel besser. Und nun eine Geschichte – eine, wo es ganz kalt ist..."

Frau Sandmann lächelt. Natürlich weiß sie so eine Geschichte:

„In Grönland lebte einmal eine alte Bärenmutter mit ihrem kleinen Bärenkind Jossy. Einmal gerieten die beiden in einen ganz schlimmen Schneesturm. Jossy wollte einfach nicht mehr weiterlaufen, und so verlor er seine Bärenmutter aus den Augen. Er fürchtete sich sehr, und trotz des dicken Pelzes fror er jämmerlich. ‚Hätte ich bloß nicht so getrödelt', wimmerte Jossy. Er rollte sich in einem Schneeloch zusammen und dachte, der Schneesturm würde nie aufhören. Da hörte er ganz nahe ein lautes Brummen. Das konnte nur die Bärenmutter sein!

Jossy wollte ihr antworten, aber er war so dick mit Schnee zugeweht worden, daß die Bärenmutter seine schwachen Rufe nicht hörte.

Da strengte sich Jossy gewaltig an und arbeitete sich aus dem Schnee heraus. Der Sturm hatte aufgehört. Und ein Stück voraus sah Jossy seine Bärenmutter. Da

lief er, so schnell er konnte, über das glitzernde weiße Schneefeld..."

Markus ist inzwischen eingeschlafen. Er träumt die Geschichte von Jossy und seiner Bärenmutter weiter. Frau Sandmann sieht, daß es ein schöner Traum ist, denn Markus lächelt, und seine Stirn ist jetzt schon viel kühler.

Stolz und zufrieden geht die Sandmannfrau dann nach Hause. „Ganz schön anstrengend, so schnell eine kalte Grönlandgeschichte zu erfinden", denkt sie. Und vom Geschichtenerzählen ist ihr nun ganz heiß geworden.

Gina Ruck-Pauquèt

Der kleine Zauberer und das Sternchen

In den warmen, samtblauen Nächten schläft der kleine Zauberer mitten im duftenden Gras. Dann decken die Bäume ihn mit ihren Schatten zu, und der Mond breitet sein Tuch aus Silbergespinst darüber.

Einmal aber gibt es eine Nacht, die ist so schön, daß der kleine Zauberer nicht schlafen kann. Er klettert auf einen Baum und schaut sich den Himmel an.

Und dann bekommt er plötzlich Lust, ein wenig zu zaubern.

„Hokuspokus Simsalabim", sagt er.

Und genau in diesem Augenblick stürzt ein Sternchen vom Himmel und verfängt sich in den Zweigen des Baumes, in dem der kleine Zauberer sitzt.

„O weh!" sagt der kleine Zauberer, und er ruft die Tiere der Nacht herbei. „Seht, es ist meine Schuld, daß das Sternchen vom Himmel fiel!"

In Wirklichkeit aber ist das Sternchen vor lauter Übermut heruntergesprungen. Denn auch der größte Zauberer kann nicht die Sterne vom Himmel zaubern.

Der kleine Zauberer nimmt das Sternchen behutsam in seine Hände und trägt es vor sich her. Und wohin er auch kommt, erwachen die Menschen und die Tiere von dem wunderbaren Licht und folgen ihm nach. Aber als die Stunden vergehen, beginnt der kleine Zauberer sich Sorgen zu machen.

„Seht nur", sagt er, „das Sternchen wird immer blasser. Es muß an den Himmel zurück."

Doch sooft er auch seinen Zauberspruch spricht, es gelingt ihm nicht, das Sternchen zurückzuschicken.

„Uhu", bittet der kleine Zauberer den Vogel mit den Lampenaugen, „nimm das Sternchen und bring es zum Himmel zurück. Ich will dir auch eine Stecknadel geben, damit du es festmachen kannst."

„Gut", sagt der Uhu, und er trägt das Sternchen in seinem Schnabel davon.

Bald kehrt er traurig zurück.

„Ich kann nicht so weit fliegen", seufzt er. „Der Himmel ist fern."

Da wendet sich der kleine Zauberer an das Wiesel.

„Wiesel", bittet er, „du kannst so schnell laufen. Trag das Sternchen in deinem Schnäuzchen zum Himmel hin."

Das Wiesel versucht es. Doch es dauert nicht lange, da kommt es müde zurück.

„Ich finde den Weg nicht", schluchzt es.

Der kleine Zauberer wird sehr traurig, denn schon kriecht im Osten die Dämmerung herauf.

Bestimmt sind die Sterne gezählt, denkt er. Und dieser wird jetzt vermißt.

„Kann ich dir helfen?" hört er da eine zarte Stimme.

„Wer bist du?" fragt der kleine Zauberer.

„Ich bin die Lerche", entgegnet der Vogel.

„Willst du das Sternchen nach Hause tragen?"

„Nicht ich", sagt die Lerche, „aber vielleicht mein Lied. Denn mein Lied steigt bis zum Himmel hinauf."

Und dann beginnt die Lerche zu singen. Und mit dem Lied der Lerche steigt das Sternchen empor, hoch und höher, bis zum Firmament.

„Wie kann es nur sein", wundert sich der kleine Zauberer, „daß ein Lied stärker ist als jeder Zauber?"

Und alle, die bei ihm sind, senken die Köpfe und wissen es nicht.

A. W. F. Zuccalmaglio

Die Blümelein, sie schlafen

Die Blü-me-lein, sie schla-fen schon längst im Mon-den-schein.
Sie nik-ken mit den Köpf-chen auf ih-ren Sten-ge-lein.
Es rüt-telt sich der Blü-ten-baum, er säu-selt wie im Traum;
schla-fe, schla-fe, schlaf ein, mein Kin-de-lein.

2. Die Vögelein, sie sangen
so süß im Sonnenschein,
sie sind zur Ruh gegangen
in ihre Nestelein.
Das Heimchen in dem Ährengrund,
es tut allein sich kund.
Schlafe, schlafe,
schlaf ein, mein Kindelein.

3. Sandmännchen kommt geschlichen
und guckt durchs Fensterlein,
ob irgend noch ein Kindchen
nicht mag zu Bette sein.
Und wo er nur ein Kindlein fand,
streut er ins Aug ihm Sand.
Schlafe, schlafe,
schlaf ein, mein Kindelein.

Melodie: Heinrich Isaak

Leo Tolstoi

Der Große Bär

Vor langen, langen Jahren war einmal eine große Trockenheit auf Erden: Alle Flüsse, alle Bäche und Brunnen waren versiegt, alle Bäume, Sträucher und Gräser vertrocknet, und Menschen und Tiere kamen vor Durst um.

Da ging eines Nachts ein kleines Mädchen von daheim fort mit einem Krug in der Hand, um Wasser für die kranke Mutter zu suchen. Das Mädchen fand nirgends Wasser und legte sich vor Müdigkeit im Feld auf das Gras und schlief ein. Als es erwachte und nach dem Krug griff, hätte es beinahe das Wasser verschüttet. Der Krug war nämlich voll frischen, klaren Wassers. Das Mädchen freute sich und wollte trinken, aber da fiel ihm ein, daß es dann für die Mutter nicht reichen würde, und es lief mit dem Krug nach Hause. Es hatte es damit so eilig, daß es gar nicht ein Hündchen vor seinen Füßen bemerkte, stolperte und den Krug fallen ließ. Das Hündchen winselte kläglich. Das Mädchen langte nach dem Krug. Es dachte, nun habe es das Wasser verschüttet. Aber nein! Der Krug stand aufrecht auf dem Boden, und nicht ein Tropfen fehlte. Da goß sich das Mädchen ein wenig Wasser in die hohle

Hand, und das Hündchen leckte es auf und wurde wieder ganz lustig. Das Mädchen aber langte wieder nach dem Krug, aber siehe: Da war er nicht mehr aus Holz, sondern aus Silber.

Das Mädchen lief mit dem Krug nach Hause und gab ihn der Mutter. Die aber sprach: „Ich muß ohnehin sterben, trink du lieber das Wasser!" Und sie gab den Krug dem Mädchen. Im selben Augenblick aber verwandelte sich der silberne Krug in einen goldenen.

Da konnte das Mädchen nicht länger widerstehen und wollte den Krug an seine Lippen setzen, als ein Wanderer ins Zimmer trat und um einen Schluck Wasser bat. Das Mädchen schluckte den Speichel hinunter und reichte dem Wanderer den Krug. Und da: Plötzlich erschienen auf dem Krug sieben riesengroße Diamanten, und aus jedem floß ein großer Strahl frischen, klaren Wassers.

Die sieben Diamanten stiegen höher und stiegen zum Himmel empor und wurden der Große Bär.

Ingrid Uebe

Der kleine Brüllbär und der Uhu

Es war einmal ein kleiner Bär, der lebte mit seinen Eltern mitten im Wald. Der kleine Bär konnte für sein Alter ziemlich laut brüllen. Immer, wenn ihm etwas nicht gefiel, brüllte er, so laut er konnte. Deshalb nannten ihn alle Leute „der kleine Brüllbär".

Manchmal, sehr selten, ließen die Eltern ihren kleinen Brüllbär allein. Dann hatte er schreckliche Angst. Und wenn er Angst hatte, brüllte er am allerlautesten.

Eines Abends waren die Eltern bei Fritz Eichkater eingeladen.

„Ich will auch mit", rief der kleine Brüllbär.

„Das geht nicht", sagte die Mutter. „Es wird viel zu spät."

„Uaah", brüllte der kleine Brüllbär. „Ich will nicht allein bleiben!"

„Aber kleiner Brüllbär", antwortete die Mutter, „wir sind ja bald wieder da."

„Uaah", brüllte der kleine Brüllbär. „Das dauert mir viel zu lange."

Der Vater schüttelte den Kopf. „Bären benehmen sich nicht so dumm", sagte er.

Die Mutter machte dem kleinen Brüllbär das Abendbrot.

„Uaah", brüllte er. „Ich will nicht allein essen."

„Dann nicht", sagte die Mutter.

Sie räumte alles wieder fort und brachte ihn ins Bett.

„Schlaf gut, kleiner Brüllbär", sagte der Vater. „Wenn du aufwachst, sind wir wieder da."

„Träum süß, kleiner Brüllbär", sagte die Mutter. „Nachbar Uhu sitzt auf seiner Tanne und paßt auf dich auf."

Der kleine Brüllbär kroch tief unter die Decke und machte die Augen fest zu. Er wollte das Dunkel nicht sehen. Er wollte ein großer, starker, vernünftiger Bär sein. Aber er war nur ein kleiner Bär, der Angst hatte. Deshalb weinte er in sein Kissen. Zum Glück macht Weinen müde. So schlief der kleine Brüllbär bald ein.

Mitten in der Nacht wachte der kleine Brüllbär auf. Alles war dunkel. Ging da jemand durchs Zimmer? Der kleine Brüllbär brüllte so laut, wie er noch niemals gebrüllt hatte. Aber es half nichts. Da hörte er auf und lief aus dem Haus.

Draußen war es auch dunkel. Der Mond war nicht da. Nur ein paar Sterne standen am Himmel. Der kleine Brüllbär stolperte über die Wiese und rief: „Nachbar Uhu, wo bist du?"

Da hörte er gleich neben seinem Kopf eine Stimme: „Hier sitze ich ja, kleiner Brüllbär."

Der kleine Brüllbär blieb stehen und riß die Augen auf. Er stand wahrhaftig schon vor der großen Tanne.

Nachbar Uhu saß auf einem Zweig und sah ihm aus seinen gelben Augen entgegen. „Warum schreist du denn so, kleiner Brüllbär?"

„Ich bin so allein. Erzählst du mir eine Geschichte?"

Nachbar Uhu nickte. „Ich will dir erzählen, wie der Mond vom Himmel verschwand."

„Aber auch, wie er wieder zurückkam", sagte der kleine Brüllbär.

Die Geschichte vom Mond

„Eines Nachts, als der Mond so silbern und rund war wie noch nie, fing er mit einem Mal an zu rollen. Er rollte über den ganzen Himmel, zwischen den Wolken hindurch und an den Sternen vorbei. Er rollte und rollte, schneller und schneller, und auf einmal fiel er ins Meer. Der Mond tauchte unter und sank auf den Grund. Alle Fische staunten ihn mit ihren Glotzaugen an.

Endlich kam ein besonders großer Fisch geschwommen. Er machte sein Maul auf und verschluckte den Mond. Der Fisch begann zu leuchten, als wäre er ein silbernes Licht. Um ihn herum wurde das Wasser ganz hell.

Der Wassermann schwamm mit seinen Nixen herbei. Sie fingen den leuchtenden Fisch in einem Netz und sperrten ihn in einen Käfig aus roten Korallen."

„Und der Mond?" fragte der kleine Brüllbär.

„Was wurde aus dem Mond?"

„Das müssen wir abwarten", antwortete Nachbar Uhu. „Heute ist er nicht da. Das siehst du ja selbst."

„Ist die Geschichte schon aus?"

„Ja, für heute ist sie aus."

„Uaah", brüllte der kleine Brüllbär. „Das war keine schöne Geschichte!"

„Brüll nicht so", sagte Nachbar Uhu.

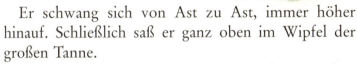

Er schwang sich von Ast zu Ast, immer höher hinauf. Schließlich saß er ganz oben im Wipfel der großen Tanne.

„Von hier aus kann ich das Meer sehen", rief er hinunter. „Ich glaube, es leuchtet."

Der kleine Brüllbär war aufgestanden und reckte den Hals.

„Kannst du auch den Mond sehen?"

„Nein, den Mond sehe ich nicht", antwortete Nachbar Uhu.

„Uaah", brüllte der kleine Brüllbär. „Der Mond soll kommen! Papa soll kommen! Mama soll kommen!"

„Warte nur ab. Hab nur Geduld", antwortete Nachbar Uhu.

„Uaah, dann erzähl mir noch eine Geschichte!"

Nachbar Uhu schüttelte den Kopf. Seine Augen leuchteten gelb und rund. „Jetzt habe ich Hunger. Ich werde mir ein paar Mäuse fangen. Gute Nacht, kleiner Brüllbär."

Franz Sales Sklenitzka

Räuberhöhlen-Geschichte

„Hilfst du mir, die Matratze aus dem Bett zu heben?" fragt Paul.

„Sicher", sagt Papa. „Aber was hast du vor? Willst du heute nacht *unter* dem Bett schlafen?"

„Ja!" Paul ist fest entschlossen. „Heute nacht werde ich in meiner Räuberhöhle schlafen. Heute und morgen und übermorgen und solange es mir Spaß macht."

„Einverstanden", sagt Papa. „Aber vorher muß ich noch unter deinem Bett staubsaugen."

Paul wehrt sich: „In Räuberhöhlen wird nicht staubgesaugt! Niemals!"

„Du hast recht", sagt Papa. „Aber weißt du schon, daß sich in dieser Gegend ein riesiger Ameisenbär herumtreibt?"

Paul grinst. „Nein, weiß ich nicht."

„Besonders gern kommt er in Höhlen. Er saugt alles in sich hinein, was in seinen langen Rüssel paßt. Alles, was nicht niet- und nagelfest ist! Zum Glück macht er ziemlich Lärm dabei. Man kann ihn schon von weitem hören und alle wichtigen Kleinigkeiten in Sicherheit bringen."

Es dauert nicht lange, dann kommt ein merkwürdiges Geräusch aus Papas Arbeitszimmer. Es klingt so ähnlich wie der Motor eines Staubsaugers, aber Paul ist sich sicher: Das ist der Ameisenbär!

Rasch räumt er alles, was er unter seinem Bett findet, in eine Blechdose: Legosteine, ausländische Münzen, eine Fasanenfeder, ein Schneckenhaus, einen Zitronenlolli und zwei Filzschreiber. Da taucht der Ameisenbär auch schon im Kinderzimmer auf.

„Guten Tag, Herr Räuberhauptmann", sagt er. „Darf ich Ihre Höhle auf Ameisen untersuchen?"

„Gern", sagt der Räuberhauptmann. Seine Stimme klingt so ähnlich wie die von Paul, nur ein bißchen wilder und lauter. „Du kannst auch gleich Ausschau nach Spinnen halten und Staub fressen, wenn du welchen findest!"

„Gern", sagt der Ameisenbär und beginnt seine Arbeit. Er findet eine Menge Staub und ein Spinnennetz. Ameisen findet er nicht. Nach fünf Minuten verläßt er das Kinderzimmer wieder.

Dann heben Paul und sein Papa die Matratze, das Bettuch, das Kopfkissen, die Decke vom Bett und legen alles auf den Fußboden. Papa schiebt die Matratze unter das Bett.

„Das wird eine gemütliche Höhle!" sagt er. Es klingt fast so, als ob er ein bißchen neidisch auf den Räuberhauptmann wäre.

„Du kannst mich ja heute abend besuchen", sagt Paul.

„Gut, ich werde kommen. So gegen halb acht."

Um halb acht schleicht Papa zur Räuberhöhle. Aus der Höhle schaut ein nackter Fuß. „Sind Sie der Räuberhauptmann Grasel?" fragt Papa.

„Ja, der bin ich!" antwortet eine wilde, laute Stimme. Sie klingt noch ein bißchen wilder und lauter als am Nachmittag.

„Wenn Sie der Grasel sind, muß ich Sie verhaften", sagt Papa und packt den nackten Fuß. „Ich bin nämlich Polizist!"

Aber der Räuberhauptmann ist nicht allein in seiner Höhle! Kaum hat Papa zugegeben, daß er Polizist ist, kommen die anderen Räuber zum Vorschein. Sie sind als Stoffelch, als Teddybär und als Plüschhund verkleidet. Wütend stürzen sie sich auf den Polizisten. Nach kurzer Zeit ist der Räuberhauptmann wieder frei. Jetzt gehen die Räuber sogar zum Gegenangriff über. Sie fallen über den verdutzten Polizisten her und überwältigen ihn. Der Hauptmann nimmt ihn in den Schwitzkasten und zerrt ihn in die Höhle.

„Jetzt bist du mein Gefangener", sagt der Räuberhauptmann Grasel wild. „Du wirst eine strenge Strafe erhalten!"

Der Polizist will sich befreien, aber in der engen Höhle kann er sich kaum wehren.

Grasel läßt nicht locker.

„Gnade", wimmert der Polizist schließlich. „Gnade!"

„Gnade? Dann mußt du selbst Räuber werden!" sagt der Hauptmann streng. Er denkt kurz nach. „Eigentlich könnte ich einen Diener brauchen."

„Aber Sie haben doch Ihre drei Spießgesellen", sagt der Polizist mit rotem Kopf.

„Die liegen den ganzen Tag faul rum", knurrt der Räuberhauptmann verächtlich. „Ich brauche jemanden, der mich mit Essen und Trinken versorgt! Ich brauche jemanden, der mein Gewand herrichtet und am Abend wegräumt! Ich brauche jemanden, der mein Legoschwert schleift! Willst du das tun?" Grasel nimmt den Polizisten noch fester in den Griff.

„Ja, gerne", haucht der Polizist. „Ich werde ganz zu Ihren Diensten stehen!"

„Gut", meint der Räuberhauptmann. „Dann bring mir zunächst einmal meinen Schlafanzug!"

Der Polizist klettert auf das Dach der Räuberhöhle und findet wirklich einen Räuberschlafanzug. Den wirft er dem Grasel in die Höhle.

„Dann brauche ich noch eine Taschenlampe!" sagt der Hauptmann. Der Polizist geht und holt eine Taschenlampe.

„Und jetzt besorgst du mir eine Tasse Kakao!" befiehlt der Grasel. „Aber keinen gewöhnlichen Milchkakao!"

„Keinen Milchkakao?" fragt der Polizist verwundert. „Vielleicht Räuberkakao?"

„Richtig! Der Kakao muß geraubt werden!"

„Und wem soll ich den Kakao rauben?" fragt der Polizist ängstlich.

„Der Frau des Bürgermeisters!"

Auf Zehenspitzen schleicht der Polizist in die

Küche. Die Frau des Bürgermeisters ist im Nebenzimmer. Sie bügelt die Hosen ihres Mannes und die Polohemden ihres Sohnes. Leise öffnet der Polizist den Kühlschrank. Leise nimmt er Milch heraus. Leise wärmt er sie auf dem Herd. Leise rührt er Kakaopulver dazu. Und leise gießt er den warmen Kakao in die Trinktasse und nimmt einen Trinkhalm aus der Schublade. Dann schleicht er zurück zur Räuberhöhle.

„Hat dich die Frau Bürgermeister bemerkt?" fragt Grasel streng.

„Ich glaube nicht", sagt der Polizist stolz. „Ich denke, ich habe mich bewährt."

„Gut gemacht!" lobt der Räuberhauptmann. „Ab heute bist du kein Polizist mehr, sondern Räuber. Richtiger Räuber. Du bist der Diener eines Räuberhauptmanns!"

„Zu Befehl", sagt der neue Diener und wartet, bis der Hauptmann die Tasse geleert hat.

„Ist noch was?" fragt Grasel streng.

„Bekomme ich auch Lohn für meine Dienste?"

„Bring mir die Blechdose!" befiehlt der Hauptmann.

Der Diener reicht Grasel die Dose mit den Legosteinen, den ausländischen Münzen, der Fasanenfeder, dem Schneckenhaus, dem Zitronenlolli und den Filzschreibern.

„Hier!" sagt der Räuberhauptmann und wirft seinem neuen Diener ein Geldstück zu und einen Lego-Edelstein. Dann verstaut er die Dose in seiner Höhle neben dem Kopfkissen.

„Ein Edelstein und 100 Lire!" staunt der Diener. „Ist das nicht zuviel?"

„Dafür mußt du auch noch ein Räuberlied singen und danach das Licht ausknipsen!"

„Zu Befehl", sagt der Diener und fängt an zu singen. Er singt: „Im Wald da sind die Räu-häu-ber..."

Dann knipst er das Licht aus. „Gute Nacht, Herr Hauptmann! Gute Nacht, ihr Spießgesellen! Träumen Sie einen schönen Räubertraum, Herr Hauptmann! Oder soll ich Ihnen einen schrecklichen Traum wünschen? Einen Traum, so schrecklich wie Sie?"

„Lieber nicht", knurrt der Grasel. „Wünschen Sie mir einen schönen Traum von einem schönen Raubzug!"

„Zu Befehl!"

Der Hauptmann rollt sich in seiner Höhle zusammen und schließt die Augen. Wenn er die Ohren spitzt, kann er hören, wie ein Käuzchen schreit. Wie der Nachtwind in den Blättern der Bäume rauscht. Und vielleicht heulen die Wölfe wieder, wenn der Mond erst höher am Himmel steht.

Ursula Fuchs

Nachtwächter

Es ist Abend. Großmutter, Morris und der kleine grüne Drache sitzen in der Küche am runden Tisch. Großmutter liest das Märchen „Ali Baba und die vierzig Räuber" vor.

„Gibt es heute aus nos Räuber?" fragt der Drache.

„O ja", sagt Großmutter. Und sie sagt auch, daß sie Angst vor einem Räuber hat.

„Wenn ein Räuber kommt, dann fang ich ihn", verspricht Morris und gibt Großmutter einen Kuß auf die Backe.

„Und is fang ihn aus", sagt der Drache.

„Früher, da haben die Nachtwächter aufgepaßt, daß keine Räuber kamen", erzählt Großmutter.

„Ist ein Nastwäster nützlis?" fragt der kleine Drache.

„Und wie nützlich", sagt Großmutter.

Da springt der kleine grüne Drache vom Stuhl und verkündet, er will ein Nastwäster sein.

„Du?" Großmutter lacht. „Du machst jetzt, daß du ins Bett kommst, und Morris auch."

„Is will nist ins Bett, is will ein Nastwäster sein", sagt der Drache.

Großmutter will davon nichts wissen. Aber der kleine grüne Drache will.

Da holt Großmutter für ihn ein großes weißes Bettuch aus dem Schrank. Morris holt den alten Feuerwehrhelm von Großvater vom Boden. Den stülpt sich der Drache auf den Kopf.

Großmutter drückt ihm noch die alte Seemannsglocke in die Pfote und einen Besenstiel.

„Jetzt bin is ein sehr nützliser Drasennastwäster", sagt der Drache und läuft auf die Straße.

Die Sterne leuchten hell und der Mond auch.

Jede volle Stunde bimmelt der kleine grüne Drache mit der Glocke und singt: „Hört ihr Leut und laßt euch sagen..." Jedesmal, wenn der Drache eine neue Stunde ankündigt, wird Großmutter wach. „Es ist doch ein nützlicher Drache", sagt sie, dreht sich auf die Seite und schläft weiter.

Um vier Uhr wird Großmutter von einem lauten Geschrei wach.

Morris auch.

„Hilfe! Hilfe!" schreit da jemand.

Der Jemand ist der Zeitungsträger Sutterli, der seine Zeitungen in die Briefkästen steckt.

Der kleine Drache hat ihn für einen Räuber gehalten.

„Laß ihn sofort los!" schreit Großmutter. Der kleine grüne Drache läßt den Zeitungsträger los.

Der läuft weg, ganz schnell. Aber vorher verkündet er noch, daß er Großmutter nie nie wieder eine Zeitung bringen wird.

Da wird Großmutter sehr wütend. Denn sie freut sich jeden Morgen auf den Roman in der Zeitung.

„Du unnützer Drache!" schreit sie. „Mit dir kann ich wirklich nichts anfangen. Morgen schick ich dich weg. Mir reicht es!"

„Aber du kannst ihn doch nicht einfach wegschicken", schreit Morris.

„Und warum nicht?" fragt Großmutter aufgebracht. Und da sieht sie, daß sie ja nur ihr geblümtes Nachthemd anhat, und läuft ganz schnell ins Haus.

Paul Gerhardt

Nun ruhen alle Wälder

2. Der Tag ist nun vergangen,
die güldnen Sternlein prangen
am blauen Himmelssaal.
Also werd' ich auch stehen,
wenn mich wird heißen gehen
mein Gott aus diesem Erdental.

3. Auch euch, ihr meine Lieben,
soll heute nicht betrüben
kein Unheil noch Gefahr!
Gott laß euch ruhig schlafen,
stell' euch die güldnen Waffen
ums Bett und seiner Engel Schar.

Melodie: Johann Sebastian Bach

Quellenangaben

S. 11 Donald Bisset „Der Mantel des Mondes"; aus: „Gute-Nacht-Geschichten für wache Kinder"; © 1978 by Benziger Edition im Arena Verlag GmbH, Würzburg.

S. 14 Hans Gottanka „Unter dem Sternenhimmel"; aus: „Ferien bei Onkel Nepomuk"; © 1979 Deutscher Taschenbuch Verlag, München.

S. 16 Nortrud Boge-Erli „Trostlied von den Sternen"; © 1980 by Benziger Edition im Arena Verlag GmbH, Würzburg.

S. 17 Pearl S. Buck „Wenn es dunkel wird"; aus: „Geschichten für kleine Kinder"; © 1969 Trauner Verlag, Linz.

S. 20 Rudolf Neumann „Nesthupferl für einen kleinen Uhu"; © beim Autor.

S. 24 Ute Andresen „Siebenschläfer"; aus: „Bruder Löwenzahn und Schwester Maus"; © 1989 Ravensburger Buchverlag, Ravensburg.

S. 26 Gina Ruck-Pauquèt „Der kleine Nachtwächter und das Schlaflied"; aus: „Sandmännchen erzählt neue Gutenachtgeschichten"; © Ravensburger Buchverlag, Ravensburg.

S. 30 Ursula Wölfel „Die Geschichte vom Gähnen"; aus: „28 Lachgeschichten"; © by Hoch Verlag, Stuttgart.

S. 31 Dorothée Kreusch-Jacob „Ich hab ein Schmusekissen"; © bei der Autorin.

S. 33 Else Holmelund Minarik „Was der kleine Bär sich wünscht", aus: „Der kleine Bär"; © Verlag Sauerländer, Aarau/Frankfurt 1959.

S. 36 Sigrid Heuck „Die Teddybär-Geschichte"; © bei der Autorin.

S. 39 Max Bolliger „Wenn du schläfst"; © beim Autor.

S. 40 Isolde Heyne „Wenn der Sandmann baden geht"; aus: „Leselöwen Sandmännchengeschichten"; © 1987 by Loewes Verlag, Bindlach.

S. 45 Franz Sales Sklenitzka „Iglu-Geschichte"; aus: „Pauls Bett-Geschichten"; © 1988 by Arena Verlag GmbH, Würzburg.

S. 49 Hanna Hanisch „Tim wartet auf die Nacht"; aus: „Mein blauer Esel Pim"; © 1989 by Rowohlt Taschenbuch Verlag GmbH, Reinbek.

S. 52 Tilde Michels „Drei Wanderbären tauchen auf"; aus: „Unser Gustav Bär"; © 1990 by Benziger Edition im Arena Verlag GmbH, Würzburg.

S. 56 Patricia Scarry „Schlaf gut, Jakob!"; aus: „Jakob und Stoffel"; © Alle deutschen Rechte bei Carlsen GmbH, Reinbek 1988.

S. 59 Tilde Michels „Das Märchen vom Großen Bären"; aus: „Unser Gustav Bär"; © 1990 by Benziger Edition im Arena Verlag GmbH, Würzburg.

S. 65 Hanna Hanisch „Der Stern Astranova"; aus: „Mittwochabend-Geschichten" rotfuchs 361; © 1984 by Rowohlt Taschenbuch Verlag GmbH, Reinbek.

S. 72 Eva Maria Kohl „Warum die Nacht schwarz ist"; aus: Hrsg. Beate Hanspach, „Die Räuber"; © 1977, Der Kinderbuchverlag, Berlin.

S. 75 Margret und Rolf Rettich „Der Traum"; aus: Dies., „Gesagt ist Gesagt"; © Verlag Friedrich Oetinger, Hamburg 1981.

S. 84 Achim Bröger „Moritz und sein Vater können nicht einschlafen"; aus: „Moritzgeschichten"; © by K. Thienemanns Verlag, Stuttgart–Wien.

S. 91 Lutz Rathenow „Der Gast"; © beim Autor.

S. 94 Gina Ruck-Pauquèt „Der kleine Nachtwächter und die Schäfchen"; aus: „Sandmännchen erzählt von seinen kleinen Freunden"; © Ravensburger Buchverlag, Ravensburg.

S. 98 Isolde Heyne „Der verschnupfte Anton"; aus: „Leselöwen Sandmännchengeschichten"; © 1987 by Loewes Verlag, Bindlach.

S. 103 Gina Ruck-Pauquèt „Der kleine Zauberer und das Sternchen"; aus: „Sandmännchen erzählt Neues von seinen Freunden"; © Ravensburger Buchverlag, Ravensburg.

S. 108 Leo Tolstoi „Der große Bär"; © 1961 Winkler Verlag, München.

S. 110 Ingrid Uebe „Der kleine Brüllbär und der Uhu"; aus: „Der kleine Brüllbär"; © Ravensburger Buchverlag, Ravensburg.

S. 114 Franz Sales Sklenitzka „Räuberhöhlen-Geschichte"; aus: „Pauls Bett-Geschichten"; © 1988 by Arena Verlag GmbH, Würzburg.

S. 120 Ursula Fuchs „Nachtwächter"; aus: „Der kleine grüne Drache"; © 1984 Anrich Verlag, Kevelaer.